舌战

党博 / 著

成都时代出版社
CHENGDU TIMES PRESS

图书在版编目（CIP）数据

舌战 ／ 党博著. -- 成都：成都时代出版社，2025.

5. -- ISBN 978-7-5464-3670-8

Ⅰ. H019-49

中国国家版本馆 CIP 数据核字第 2025SW0860 号

舌战

SHE ZHAN

党博 著

出 品 人	钟 江
责任编辑	李 林
责任校对	樊思岐
责任印制	江 黎　陈淑雨
封面设计	荆棘设计
版式设计	范 磊

出版发行	成都时代出版社
电 话	（028）86785923（编辑部）
	（028）86615250（发行部）
印 刷	三河市宏顺兴印刷有限公司
规 格	165mm×235mm
印 张	10
字 数	128千字
版 次	2025年5月第1版
印 次	2025年5月第1次印刷
印 数	1-20000
书 号	ISBN 978-7-5464-3670-8
定 价	69.80元

能言善辩自古以来便是备受人们推崇的一种能力。早在春秋战国时期，著名谋略家的鼻祖，同时也是诸子百家之纵横家的创始人鬼谷子，便著书立说，向门徒传授权谋策略及言谈辩论技巧。他的智慧启迪了苏秦、张仪等众多历史风云人物。在战国时期，辩论才能顺应时代需求，转化为游说国君的重要能力。苏秦凭借出色的口才，获得燕文公的赏识，并出使赵国，提出"合纵"六国抗秦的战略思想，最终成功组建合纵联盟，担任'纵约长'，兼佩六国相印。与此同时，张仪则以连横之策受到秦惠文王的重用，两度出任秦相，他运用连横之策游说山东诸国，成功破解合纵之策，使各国由原本的合纵抗秦转变为连横事秦，由此可见，游说与辩术在当时成为七国争雄施展政治外交策略的重要手段。

在中国古代历史上，孟子、庄子、韩非子、墨子、朱熹、陆九渊等诸位先哲，均展现出高超的论辩才能。他们在与人辩论学术问题时，言辞流畅如江河之水，辩才为他们的学术生涯增添了无尽的光彩。同样，晏婴、商鞅、蔺相如、李斯、曹参、诸葛亮、寇准、左宗棠等历代名臣，也都有出色的辩论才能。他们的辩才使他们在朝堂之上与他人舌战时能够应对自如，帮助他们跨越仕途上的重重坎坷。

在现代社会，辩才在商务谈判中可以转化为沟通与协调的能力，这是促成商务合作的基本素质。此外，在个人应聘面试中，良好的口才也能为求职者加分。

本书精心选取了古今中外著名的论辩片段，这些片段言辞犀利且妙趣横生。希望读者能够从中汲取精华，摒弃糟粕，借鉴其中对自己有用的部分，不断提升自己的口才和论辩能力。

由于本人学识有限，加之时间仓促，书中难免存在不足之处，敬请读者不吝赐教，以便作者及时修正和完善。

目录

| 第四章 | 精明的游说

| 第五章 | 巧妙的对垒

| 第六章 | 机智的应对

|第七章| 商界的策略

|第八章| 法庭的控辩

第一章　舌战的威力

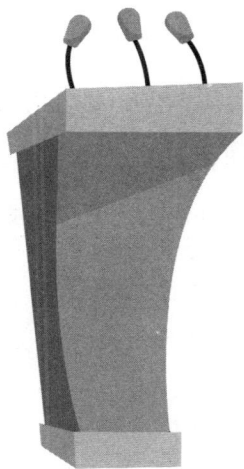

烛之武劝退秦军

【背景】

　　春秋时期，晋国因公子争夺君主之位而发生内乱，公子重耳被迫流亡。当他来到郑国时，受到了冷遇。后来，在秦国的扶持下，重耳回到晋国并成为君主，即晋文公。公元前632年，晋国与楚国爆发了城濮之战，这实际上是两大军事集团之间的较量。一方是晋文公率领的晋、宋、齐、秦（齐、秦多为外交支持）四国联军，另一方是以楚国为主的楚、陈、蔡、郑四国联军。最终，楚国战败。

　　随后，郑国曾派人出使晋国，试图与晋国修好，但未能如愿。为了争夺中原霸权，晋文公在两年后发兵围攻郑国。

自秦穆公即位后，秦国国力逐渐增强，并有向东扩张的意图。秦国与晋国仅一河之隔，且晋文公是在秦穆公的支持下成为晋国君主的，两国当时形成了联盟。

秦穆公三十年（公元前 630 年），秦国与晋国联合出兵围攻郑国。

郑国是周朝的诸侯国之一，其始祖为周厉王的儿子姬友，起初被封国于首都镐京附近，国号为郑。公元前 774 年，郑桓公在位期间，郑国举国东迁，建都于郑。尽管郑国是一个小国，但由于其位于中原的中心区域，因此成为诸侯争霸时争夺和拉拢的重要对象。面对秦、晋两大国的包围，郑国处境危急，国君郑文公于是派遣大臣烛之武前去说服秦穆公退军。

【人物】

烛之武：春秋时郑国大臣。

秦穆公（？—公元前 621 年）：嬴姓，赵氏，名任好，是秦国的第九位国君。在周朝时期，诸侯国按照公、侯、伯、子、男五级进行爵位划分。秦国是伯爵国，在正式场合或与其他诸侯的交往中，秦国的国君通常会被尊称为秦伯，以示尊重和礼仪。

【经过】

春秋时期，晋文公联合秦穆公发兵包围了郑国。这是因为郑文公在公子重耳流亡期间对其无礼，并且郑国依附于楚国。晋、秦两军势如破竹，晋文公率领晋军占领了函陵，而秦穆公则率领秦军驻扎在汜南。这两处均为郑国重要的军事战略要地，晋、秦两军的兵锋直指郑国都城。

郑文公得知此消息后，急忙召集大臣商议对策。大臣佚之狐说："国家形势危急，如果派烛之武去劝说秦国君主，秦国军队一定会撤退。"郑文公接受了这个建议。

然而，烛之武来到国君面前推辞道："我壮年时，尚且不如别人；现在已年老体衰，恐怕无能为力了。"郑文公说："我没有及早重用您，危急时才把您招来，这是我的过错。如果郑国灭亡了，对您也没有好处啊！"烛之武听后，答应前去劝说秦穆公。

夜里，烛之武让人用绳子将他从城墙上放下去。他只身来到秦军大营，见到了秦穆公。他对秦穆公说："秦、晋两国围攻郑国，郑国眼看就要灭亡了。如果郑国灭亡对您有好处，那还可以考虑；但秦国想越过别国在东方设置城邑，您知道这是不容易办到的。怎么能灭亡郑国而助长邻国的实力呢？如果邻国实力增强，就等于削弱了秦国的力量。如果您不灭亡郑国，让它成为东方道路上的主人，秦国若有使臣路过，郑国可以提供其食宿和其他给养，这对您也没有坏处啊。再说，秦伯曾经对晋惠公有恩，他答应把焦、瑕这两座城池划给秦国作为回报。但晋惠公早晨刚刚渡河回国，晚上就在那里筑城防御，这是您所知道的。晋国是个贪婪的国家，怎么会有满足的时候呢？它已把郑国作为其东边的疆界，又要扩张西边的疆界。如果不损害秦国，它到哪里夺取土地呢？损害秦国而让晋国得利，希望您好好考虑这件事。"

秦穆公听了烛之武的劝说后，表示要与郑国结盟，并随后派将军杞子、逢孙、杨孙驻守郑国，他自己则带领秦军主力返回了秦国。

晋国大夫子犯得知此事后，请求晋文公发兵攻打秦军。但晋文公说："不行。没有秦穆公的扶持，我不可能成为晋国君主。借助别人的力量而损害别人，这是不仁道的；失去了同盟国，晋国将孤军奋战，这是不明智的；用混乱相攻取代联合对敌，这不符合武德。我们还是撤军吧！"于是，晋军也撤离了郑国。

【结果】

烛之武拜见秦穆公时，采取分化瓦解的办法，巧妙地提起秦国与晋国的矛盾，说明保存郑国对秦国有利、灭掉郑国对秦国不利的道理。

秦穆公权衡利弊，放弃围攻郑国，转而与郑国结盟。秦晋联盟随即瓦解，晋军失去秦军支持，被迫撤离了郑国，郑国免于危难。

【启示】 ||||||||||||||||||||||||||||||||||||||||||||||||||

《烛之武退秦师》的故事出自春秋时期史学家左丘明所著的《左传》。该故事记述了秦晋联军攻打郑国之前的一场外交斗争。烛之武在危难之际受命，只身前往说服秦穆公，最终使郑国免于灭亡，展现了他机智善辩的外交才能。

烛之武的劝说策略值得我们借鉴，其策略主要分为两个步骤：

第一步，进行利益对比。烛之武指出，如果灭掉郑国，晋的地盘将扩大，实力随之增强，而与晋国相邻的秦国则相对削弱，这对秦国无疑是有害无利的；相反，如果秦晋联军不灭亡郑国，郑国愿意为秦国派往东方的使臣提供便利和支持。简而言之，灭郑对秦有害无益，而不灭郑则对秦有利可图。这番话让秦穆公如梦初醒。

第二步，分析秦国与晋国的关系。烛之武提及，当初若不是秦国派兵护送，晋惠公根本无法回国继位。晋惠公曾答应割地给秦国作为回报，但继位后却背信弃义。晋国人不可信赖。如今晋国图谋灭郑国，东

扩疆域，将来势必会侵蚀秦国的领土。听到这里，秦穆公彻底放弃了攻打郑国的计划，转而与郑国结盟。

烛之武通过这两个劝说步骤，一针见血地指出攻打郑国对秦国没有任何好处，反而有损秦国的战略利益。这使得秦穆公幡然醒悟，完全听从了烛之武的劝说。此番劝说之所以取得惊人的效果，是因为烛之武将秦国的眼前利益与长远利益相结合进行分析，迅速打动了秦穆公，达到了劝说的目的。

因此，我们在劝说别人时，应站在对方的立场，客观分析利害关系和事情发展的趋势与后果。这样可以引起对方的思想共鸣，达到劝说的效果。

触龙说服赵太后

【背景】

春秋时期经过兼并战争，到了战国时期，诸侯国逐渐形成了秦、魏、韩、赵、楚、燕、齐七个强国。秦国经过商鞅变法，变得国富兵强，成为战国后期最强大的国家，并与赵国频繁发生战争。

公元前265年，赵国国君赵惠文王去世，其子赵孝成王继位。由于赵孝成王年幼，因此由其母亲赵太后摄政。

当时，秦国趁赵国政权交替之际，发兵进攻赵国，并占领了赵国的三座城邑。赵国向东面的邻国齐国求援，齐国同意出兵援助，但要求赵威后（即赵太后）的小儿子长安君到齐国作为人质。然而，赵威后坚决不同意，这导致赵国的形势变得危急。

在春秋战国时期，诸侯国之间互相攻伐，常通过结盟来共同对抗其他国家或国家联盟。结盟的条件之一就是派王子或世子到敌方或别国作为人质，他们被称为"质"或"质子"。

【人物】

触龙：赵国大臣，担任左师一职。在中国古代，左师是官名，其职权大小因各国而异。春秋时期，宋国的左师与右师共同执政，与司马、司徒、司城、司寇并称为"六师"。战国时期，赵国的左师属于高级官职，但主要承担顾问和参议的职责，并不掌握实际的行政权力。

赵太后（？—公元前264年）：又称赵威后，是赵惠文王的王后，也是赵孝成王的母亲。她的小儿子是长安君，女儿则是燕武成后的母亲（此处注意，原文中"燕武成后是她的女儿"表述可能有误，因为"燕武成后"通常指的是燕国的一位王后，如果是指赵太后的女儿成为燕国的王后，则应明确说明其成为王后的事实和身份转换）。在赵孝成王继位之初，由于赵孝成王年幼，赵威后代为处理国家大事。

【经过】

赵太后在赵国掌权伊始，秦国趁机进攻赵国。赵太后派使臣向齐国求救。齐国回复："只有赵太后的小儿子长安君到齐国作人质，才能派出援兵。"赵太后不答应，多位大臣劝谏。赵太后听烦了，便对身边的近臣说："哪位大臣再来劝说让长安君作人质，我一定会朝他的脸上吐唾沫！"

形势对赵国不利，左师触龙会见赵太后，她气势汹汹地等着他。触龙来到朝堂，歉疚地对赵太后说："我的脚有点儿毛病，走不快，很

久没来看您。我私下宽恕了自己，但又担心太后的身体，所以想来看望您。"

赵太后说："我出宫都是坐马车。"

触龙问："您每天的饮食该不会减少吧？"

赵太后答："吃点儿稀粥罢了。"

触龙说："我的食欲减退了，每天勉强走上三四里，稍微增加一点儿食欲，身上舒适一点儿。"

赵太后说："我做不到。"赵太后脸色稍微和缓了些。

触龙说："我的儿子舒祺，年龄最小，不成才；我老了，私底下很疼爱他，希望太后让他替补上黑衣卫士的空缺，有机会保卫王宫。"

赵太后问："可以。他多大了？"

触龙答："十五岁。虽然还小，希望趁我还没入土托付给您。"

赵太后问："你们男人也疼爱小儿子吗？"

触龙答："比女人还严重。"

赵太后笑着又问："女人更严重吧？"

触龙回答："我私下认为，您疼爱燕后超过了疼爱长安君。"

赵太后说："您错了！我疼爱她，但没有疼爱长安君那样严重。"

触龙接着反问道："父母疼爱子女，就得为他们的长远考虑。您送燕后出嫁的时候，拉着她哭泣，这是惦念并伤心她嫁到远方。她出嫁后，您也并不是不想她，可您在祭祀时，为她祈愿：'千万不要被夫家赶回来啊。'难道这不是为她做长远打算，希望她生育子孙，一代一代地做国君吗？"

赵太后说："是这样。"

触龙问："从这一辈往上追三代，甚或赵国建立的时候，赵国君主的子孙被封侯，他们的子孙还有继承爵位的吗？"

赵太后答："没有。"

触龙问道："不光是赵国，其他诸侯国君被封侯的子孙，还有继承爵位的吗？"

赵太后答："我没听说过。"

触龙说："在他们当中，国家的祸患来得早的，就会降临到自己头上；祸患来得晚的，就降临到子孙的头上。难道国君的子孙就一定不好吗？这是因为他们地位高而没有功勋，俸禄丰厚而没有功绩，占有的珍宝太多了！现在您把长安君的地位提得很高，又封给他肥沃的土地，给他很多珍宝，却不趁现在这个时机让他为国立功，一旦您百年之后，长安君凭什么在赵国站住脚呢？我觉得您为长安君打算得太短了，因此我认为您疼爱他比不上疼爱燕后。"

赵太后说："好，任凭您指派他吧。"

于是，赵国为长安君备好了车，送他到齐国去作人质。齐国看到长安君成为质子，于是派出救兵援助赵国。

子义听闻这件事，由衷地感慨道："国君的儿子啊，国君的亲骨肉啊，尚且不能依赖没有功勋的高位，没有功绩的俸禄，并守住金玉之类的重器，何况做臣子的呢！"

【结果】

触龙说服了赵太后，使她同意让爱子长安君到齐国出质，以换取齐国的援兵，解除了赵国的危机。

【启示】

《触龙说赵太后》的故事出自西汉刘氏宗室成员、史学家刘向所编著的《战国策》。从这个故事中，我们可以获得以下四点深刻的启示：

其一，舌战具有强大威力。交谈是一种交际语言，舌战是交际语言的具体形式，它可以表现为替对方出谋划策，也可以表现为说服对方，也可以表现为劝谏对方，甚至可以表现为与其争辩。无论哪一种形式，舌战都能彰显主动者的口才优势，发挥其他语言形式难以替代的作用，达到主动者的目的和意愿。

其二，交谈要考虑对象。触龙在面对赵太后拒谏的情形时，他巧妙地从与赵太后的寒暄请安入手，这不仅符合人之常情，而且及时消除了赵太后的排斥心理，为交谈营造了轻松气氛，保证了劝谏过程的顺利进行。说服或劝谏某个人，对方可能是自己的上司，可能是受人尊敬的长者，也可能是合作伙伴，抑或是竞争对手，他们也许轻视说服者，甚至存在抵触情绪，我们如不考虑对象，没有交际语言铺垫，盲目引入说服或劝谏主题，结果往往难以如愿。

其三，围绕目标找契机。触龙用旁敲侧击的激将法，诱导说太后疼爱燕后胜过长安君，立即引起太后反驳。触龙顺着太后溺爱长安君的心理，切入主题，巧说妙谏。

其四，劝谏要以理服人。赵太后在赵国为儿子掌权期间，她既关注国家的安危，又关心儿子未来的爵位。触龙有意识地把"爱子"与"爱国"统一起来，讲述了疼爱儿子就要为其长远考虑的道理，使太后明白长安君应该为赵国分担危难，从而由拒谏转变为纳谏。说服或劝谏别人，要顺着对方关心的事理开导，讲明道理。

商鞅舌战守旧派

【背景】

战国时期，秦国的井田制瓦解，社会经济发展落后于其他大国。为增强秦国实力，不被别国吞并，秦孝公即位后，引进人才，决心图强改革。

商鞅听说秦国发布求贤令，便投奔秦国，与秦孝公畅谈富国强兵之策，获得其认可和赏识，继而成为秦国的客卿。

公元前359年，秦孝公计划在秦国推行变法，但由于担心国内民众的议论和反对，他犹豫不决。为商议此事，秦孝公召开了朝会，正是在这次朝会上，发生了商鞅与守旧派之间激烈的舌战论辩。

【人物】

商鞅（约公元前395—公元前338年）：卫国国君的后裔，姬姓公孙氏，故又称卫鞅、公孙鞅。后因在河西之战中立功，秦封之于商十五邑，号为商君，故称之为商鞅。他通过变法使秦国成为富裕强大的国家，史称"商鞅变法"。秦孝公去世后，其子秦惠文王继位。商鞅被公子虔诬陷为谋反，最终在彤地战败身亡。

甘龙：甘氏，名龙，秦献公、秦孝公在位时的大臣。

【经过】

秦孝公在朝堂开场说："我接替先君的位置，做了国君不能忘记国

家，这是国君应当奉行的原则。实施变法务必显示出国君的权威，这是做臣子的行动原则。我想通过变更法度治理国家，改变礼制教化百姓，大家就此坦言商议。"

商鞅说："我听过这样一句话：行动迟疑就不会有成就，办事犹豫也不会有功效。国君应当早下决心变法，不要顾忌天下人怎么议论。超越凡人的明君，本来就会被世俗非议，见识独到者一定会遭常人嘲笑。俗语说：'笨人在办成事之后还不明白，有智慧的人对尚未萌芽的事情就能预测到。'百姓，不可与其讨论创新，却能够同其欢庆事业成功。郭偃的法书上说：'凡有崇高道德的人，不会附和世俗的偏见。成就大事的人不同民众商量。'法度，用来爱护百姓。礼制，是为了方便办事。所以，圣明的君主治理国家，如果使国家富强，就不必去沿用旧的法度。如果能够让百姓得到益处，就不必遵循旧的礼制。"

秦孝公赞叹道："说得好！"

第一场交锋

旧贵族代表甘龙、杜挚等人反对变法。甘龙说："不对，臣也听说这样一句话：'圣明的君主不会改变百姓的旧习俗施行教化，有智慧的人不改变旧有的法度治理国家。'顺应百姓旧有的习俗实施教化，不怎么辛苦就能成就功业；根据旧有的法度治理国家，官吏熟悉礼法，百姓也安乐。如果现在改变法度，不遵循秦国旧有的法制，更改礼制教化百姓，臣担心天下人要非议国君。希望国君认真考虑这样的事。"

商鞅说："您所说的这些话，正是社会上俗人所说的。平庸的人固守旧的习俗，读死书的人局限于他们听说过的事情上。这两种人只能安置在官位上守法，却不能同他们在旧有法度之外讨论变革法制。夏、商、周这三个朝代，礼制不相同却能天下称王，春秋五霸各自的法制不同，却能先后称霸诸侯。所以，有智慧的人能创制法度，愚蠢的人只能受法度约束。贤能的人变革礼制，平庸的人只能受旧礼制的约束。受旧礼制约束的人，不能同其商讨国家大事。被旧法限制的人，不能同其讨论变法。国君切莫迟疑不定。"

杜挚说："臣听说：'如果没有百倍的利益不要改变法度，如果没有十倍的功效不要更换使用工具。'臣还听说：'效法古代法制没有什么过错，遵循旧的礼制不会有偏差。'国君应该认真思考这件事。"

商鞅说："以前的朝代政教各不相同，应该效法哪个朝代的法度呢？古代帝王的法度不相互因袭，又有哪些礼制可以遵循呢？伏羲、神农教化不实行诛杀，黄帝、尧、舜虽实行诛杀但却不过分，到了周文王和周武王的时代，他们各自顺应时势而建立法度，根据国家的具体情况制定礼制。礼制和法度都要根据时势来制定，法制、命令都要顺应当时

的社会事宜，兵器、铠甲、器具、装备的制造都要方便使用。所以臣说：治理国家不一定用一种方式，只要对国家有利就不一定非要效法古代。商汤、周武王在天下称王，并不是因为他们遵循古代法度才兴旺，殷朝和夏朝的灭亡，也不是因为他们更改旧的礼制。既然如此，违反旧法度的人，不一定就应当遭到责难；遵循旧的礼制的人，不一定值得肯定，国君对变法的事毋须迟疑。"

秦孝公说："言之有理。我听说从偏僻小巷走出来的人少见多怪，学识浅陋的人喜欢诡辩，愚昧的人所讥笑的事，正是聪明人感到悲哀的事。狂妄的人高兴的事，正是有才能的人所担忧的。那些拘泥于世俗偏见的议论，我不再因它们而疑惑了。"

看到商鞅鼓动秦孝公变法，太子傅公孙贾针锋相对，问道："变法是由于旧法有弊，敢问弊在何处？"

商鞅回答："弊有其三：其一，目前的春秋旧制只能治民于小争之世，而不能强国于大争之世。"

太庙丞杜挚反驳说："要是旧治如此不堪，秦穆公用百里奚是怎么称霸的？"

商鞅回答说："百里奚治秦，全凭一位贤才的力量，这是人治，并未留下法治，所以秦穆公百里奚之后，秦国再次陷入贫弱。"

第二场交锋

商鞅接着指出："旧法的第二弊：法无要领，奖罚不明。"

贵族们大部分是功臣之后，此刻坐不住了，纷纷强调他们的官爵都是祖上一刀一剑在战场上打出来的，反倒是招贤馆的士人，在秦国无功受禄。

商鞅说："一体同遵才是法制公平，世族后裔有功便赏，反衬了农人军士有功无爵、有功无赏的荒诞；武士阵前杀敌是功，文士运筹治国也是功，秦公的求贤令说强秦之士可共享秦国，更何况一个小小的客卿。"他最后指出旧法的第三弊："旧制无聚民之力，无摄乱之威。法令一统、令行禁止、赏罚分明，才能使国家强大。"

辩论到这里，左庶长嬴虔出面表态支持变法。

第三场交锋

秦孝公询问太师甘龙的意见，甘龙表示变法会引起动荡，一有战事，恐有亡国之危。因循旧制才是稳定之道。

商鞅表示："秦国已因循旧制数百年，并未富强；变法引起的动荡是利害冲突，不是国家内乱，如果法令得当可迅速平息，不会导致战力瘫痪，相反变法会在短期内迅速增强国力；而且依目前形势看，东方六国的分秦战略刚被瓦解，各方明争暗斗，无暇进犯秦国；再者，变法奖励农耕激赏军功，若有战事，只会使民众奋勇杀敌。"

旧贵族们无言以对，在左庶长嬴虔的再次出面支持下，众臣都表示支持变法。

这时，秦孝公起身带头立誓：同心变法，洗刷国耻！拜商鞅为左庶长，主持国政，推行变法，嬴虔改任上将军，并赐商鞅以镇国金剑，凡阻碍变法者，虽公室宗亲，依律而行，依法论罪。

【结果】

变法前的这场舆论激辩，是秦孝公主持召开的一场朝堂辩论会。商鞅通过论战击败了守旧派，为推动全面变法提供了坚强的舆论支撑。

在做完一切布局后，秦孝公选择在初春开始变法。秦国通过变法逐渐强大起来，为兼并东方六国奠定了基础。

【启示】 ||||||||||||||||||||||||||||||||||||||||||||||||||||

这场论辩出自《商君书》。记载了秦国实行变法之前革新派与守旧派的交锋。我们从中获得两点启示：

其一，变革前做好了舆论准备。历史上任何一次变法，不仅是治国方略的重新选择，更是利益关系的重新调整，必然遭到既得利益者的反对。商鞅驳斥了旧贵族所谓"法古""循礼"的复古主张，守旧派无言以对。

其二，论辨得到了掌权者支持。商鞅在秦国推行变法，获得了秦孝公的认同。

颜率用口才保九鼎

【背景】

战国时期，诸侯纷争。周王室虽为天下共主，却如风中残烛，摇摇欲坠。象征至高权力的九鼎，让各方诸侯垂涎三尺。秦国野心勃勃，发兵至东周都城洛邑，意欲夺得象征至高权威的九鼎，以彰显其霸主地位。周王室得知秦国大军压境，人心惶惶。周王为此忧心忡忡，与朝中重臣颜率商讨对策。颜率深知，仅凭周王室自身力量，无法抵挡秦国的铁蹄，于是他前往齐国借兵求援。

【人物】

颜率：战国时期周王室谋士。

齐王（？—公元前320年）：也称齐威王，妫姓，田氏，名因齐，一名婴齐。战国时齐国国君。

【经过】

颜率到达齐国，恭敬地向齐王行礼，然后说："大王，如今秦国兴师动众，兵临城下，欲夺周王室的九鼎。九鼎是天下重器，象征正统与权威。如果秦国得到此宝，野心必将更加膨胀，届时不仅周王室不复存在，齐国恐怕也会受到威胁。东周君臣商议：与其把九鼎送给秦国，不如送给贵国。如果齐国出兵相助，挽救面临危亡的周王室，九鼎自当归齐国所有，而且齐国会赢得天下人的认同和赞誉；如果齐国得到九鼎，确实是国家的大幸，此乃名利双收之举。"

齐王欣喜，心里盘算：齐国倘若得到九鼎，意味着拥有号令天下的资本。秦国如果得到九鼎，齐国就会面临巨大威胁。于是，齐王当即决定任命陈臣思为统帅，发兵 5 万，救助周王室。

秦国见齐国介入，权衡利弊后选择退兵。齐王在秦国退兵后，派人向周王室索要九鼎。齐国使者说："我国为救周王室，出兵劳师动众，秦国今已退兵，周王室应当遵守承诺，将九鼎献给齐国。"

颜率又来到齐国，对齐王说："仰仗贵国的义举，周王室得以平安无事，自当心甘情愿把九鼎献给大王，只是运送九鼎之事并非易事，九鼎非人力所能轻易撼动。从周王室到齐国路途遥远，需借道诸侯之地，不知贵国希望借哪条道路把九鼎从东周运回到齐国？"

齐王说：“寡人准备借道梁国。”

颜率说：“不可以。因为梁国君臣早想得到九鼎，他们在晖台和少海一带谋划很久了。九鼎一旦进入梁国，必然很难再被运出来。”

齐王又说：“那么寡人借道楚国。”

颜率回答：“这也行不通。因为楚国君臣为了得到九鼎，很早就在叶庭一带谋划此事。假如九鼎进入楚国境内，绝对不会再被运出来。”

齐王说：“寡人究竟能从哪里借道将九鼎运到齐国呢？”

颜率说：“东周君臣私下也为大王的这件事忧虑。因为九鼎并不像瓶子或罐子，可以提在手上或揣在怀中就可拿到齐国，也不像群鸟聚集、乌鸦飞散、兔子奔跳、骏马疾驰那样飞快地进入齐国。当初周武王伐殷纣王而获得九鼎，运一只鼎就动用了九万人。搬运九只鼎就得动用八十一万人。此外还需准备相应的搬运工具和被服粮饷等物资。大王即使有这样的人力和物力，也不知道从哪条路把九鼎运至齐国。我在私下也为大王担忧啊！”

齐王说：“贤卿屡次来到齐国，说来说去还是不想把九鼎给寡人！”

颜率解释说：“我怎敢欺骗贵国呢，只要大王能尽快决定从哪条路搬运，周王室随时听候齐国迁移九鼎的命令。”他接着问道，“有些诸侯对九鼎垂涎已久。若在借道过程中，他们心生歹意，出兵阻拦，甚至抢夺九鼎，该如何是好？一旦九鼎有失，周王室固然难辞其咎，齐国这九鼎之主的名声恐怕也会受到影响。如今齐国国力强盛，威震四方，即便没有九鼎，谁又敢轻视齐国呢？”

齐王权衡再三，最终放弃了索要九鼎的念头。

【结果】

颜率以名利诱使齐王上兵救援周王室，又以搬运九鼎有风险使齐王知难而退，为周王室化解了危机。

【启示】 ||||||||||||||||||||||||||||||||||||||||||||||||||||||||||||||

面对秦国大军压境，颜率向当时可以制衡秦国的齐国求救。他用巧妙的言辞，促使齐王发兵救援东周。秦国退兵后，颜率以搬运九鼎需要借道，渲染搬运九鼎之难，使齐王望而生畏，也没有让周王室失信。颜率以口才化解危机，显示了语言智慧。在复杂的纷争中，巧妙的言辞能发挥四两拨千斤的作用。

诸葛亮舌战群儒

【背景】

《三国演义》第四十三回中描述：东汉末年，曹操挟天子以令诸侯，逐一消灭了其他较有实力的军阀，唯独刘备和孙权仍具备发展壮大的潜力。曹操深知自己难以同时吞并这两股势力，于是派遣使者携带他的书信前往东吴，企图与孙权联手消灭刘备。

随后，曹操挥兵南下，迅速占据了荆州的大部分地区。退守江夏的刘备与诸葛亮紧急商议对策。此时，江东的使者鲁肃前来为刘表吊丧，并借此机会打探刘备的虚实。为了实现联合抗曹的战略目标，刘备决定派遣诸葛亮随同鲁肃前往江东。

　　孙权手下的谋士大多主张投降曹操以求自保，只有鲁肃坚持主张联合刘备共同抗击曹操。然而，鲁肃深知仅凭自己难以说服孙权和东吴的文臣武将，因此特意邀请诸葛亮前来充当说客。东吴的这群谋士个个学识渊博，并非等闲之辈，诸葛亮与他们之间展开了一场激烈的辩论。

【人物】

　　诸葛亮（公元181—公元234年）：字孔明，号卧龙，琅琊阳都（今山东沂南）人。刘备退守江夏时为其军师。

　　张昭（公元156—公元236年）：字子布，徐州彭城县（今江苏徐州）人。三国时孙吴政权重臣。

　　虞翻（公元164—公元233年）：字仲翔，慈溪鸣鹤乡（今浙江宁波）人。三国孙吴政权官员、经学家。

　　步骘（？—公元247年）：字子山，徐州临淮淮阴（今江苏淮阴）人。三国时孙吴政权官员。

　　薛综（？—公元243年）：字敬文，沛郡竹邑（今安徽濉溪）人。三国时孙吴政权重臣。

　　陆绩（约公元188—公元约219年）：字公纪，吴郡吴县（今江苏苏州）人。三国时孙吴政权官员。

　　严畯（生卒年不详）：字曼才，彭城（今江苏徐州）人。三国时孙吴政权官员。

　　程秉（生卒年不详）：字德枢，汝南南顿（今河南项城）人。三国时孙吴政权官员。

【经过】

　　鲁肃引领诸葛亮步入大殿，此时孙吴政权的文武大臣二十余人已端坐席上。诸葛亮逐一与他们相见，询问姓名后，施礼完毕，便在自己的座位上落座。

　　张昭等人见诸葛亮气度不凡，神采奕奕，料定他是前来游说的。

与张昭交锋

　　张昭率先发难："吾乃江东微末之士，久闻先生大名，高卧隆中。闻君自比管仲、乐毅，确有此事乎？"

　　诸葛亮坦然承认，自己确有管仲、乐毅之才。

　　张昭接着追问道："近闻刘备三顾茅庐，得先生如鱼得水，欲以先生之智，割据荆襄。然今荆襄之地已归曹操，先生有何高见？"

　　诸葛亮深知张昭乃孙权麾下首席谋士，想到若不能先将其说服，何以说服孙权，于是答道："荆襄之地，唾手可得。然吾主刘备，仁义为先，不忍夺同宗之基业，故辞而不受。刘琮懦弱，听信谗言，暗降曹操，致使曹贼猖獗。今吾主屯兵江夏，已有良策，岂是常人所能知晓？"

　　张昭反驳道："若果真如此，则与先生之言不符。先生自比管仲、乐毅，管仲助齐桓公称霸，乐毅以寡兵复燕，破齐七十余城；此二人皆济世之才也。先生昔日卧龙岗上，笑傲风月；今辅佐刘备，当为百姓兴利除弊，剿灭奸贼。且刘备未得先生之前，尚能驰骋中原，割据一方；今得先生，天下人皆仰望之。即便是三尺童儿，亦知如虎添翼，望汉室复兴，曹氏灭亡……然刘备得先生之后，曹兵一出，刘备便弃甲曳兵而

走，望风而逃；既不能报刘表之恩，安百姓之心；又不能辅其子以守疆土，弃新野，走樊城，当阳大败，逃至夏口，无立锥之地。此皆刘备得先生之后所为，反不如前。管仲、乐毅果若此乎？吾直言勿怪！"

诸葛亮闻言，笑道："大鹏展翅九万里，其志岂是蓬蒿之辈所能识？譬如人染沉疴，当先食粥调养，服药治之；待其脏腑调和，体渐康复，然后食肉加药，方可去病。若不待其气脉和缓，便加药食，欲求康复，实则难矣。吾主刘备，昔日汝南之败，寄寓刘表门下，兵不满千，将不过关、张、赵三人；此乃其最弱之时。新野小县，人稀粮薄，暂可容身，岂可久守？虽甲兵不整，城郭不固，未经训练，粮草匮乏；然博望烧营，白河淹兵，夏侯惇、曹仁等皆心惊胆战；吾以为，管仲、乐毅用兵未必过此。至于刘琮降曹，刘备实未知之；且不忍乘乱夺同宗之基业，此大仁大义也。当阳之败，刘备见数十万百姓相随，不忍弃之，日行十余里，不图江陵之利，与百姓同败，此大仁大义也。寡不敌众，胜负乃兵家常事。高祖刘邦屡败于项羽，终以垓下一战而定天下，岂非韩信之谋？韩信随刘邦征战多年，积小胜为大胜。国家大计，社稷安危，须有谋士运筹帷幄。有才能者，非夸夸其谈之辈；临机应变者，百不一遇。吾言至此，诸君勿笑。"

诸葛亮的这番言辞，令张昭无言以对。

与虞翻交锋

虞翻面带不满，质问道："曹操如今屯兵百万，战将千员，虎视江夏，意欲鲸吞，你以为当如何应对？"

诸葛亮从容答道："曹操虽收编袁绍残部，劫持刘表乌合之众，然其兵虽百万，亦不足惧。"

虞翻冷笑一声，讽刺道："刘备当阳一战，败绩连连，如今困守夏口，兵微将寡，只能向人乞援，你却说不'惧'，这不是睁眼说瞎话吗？"

诸葛亮微微一笑，反驳道："刘备虽拥数千仁义之师，岂能敌曹操百万残暴之众？退守夏口，实乃以退为进，静待时机。反观江东，兵精粮足，又有长江天堑为屏障，曹操却妄图使其主屈膝投降，真乃不顾天下人耻笑。如此看来，刘备岂当会惧怕曹操？"

虞翻听完，顿时语塞，无言以对。

与步骘交锋

步骘在席间发问："孔明想效仿张仪、苏秦游说东吴吗？"

诸葛亮说："你以为张仪、苏秦是辩士，而不知道苏秦、张仪也是一代豪杰；苏秦佩戴六国相印，张仪两次成为秦国丞相，都是因为有匡扶国家的谋略，而不是畏强凌弱、惧刀避剑的人。你们听说曹操吹嘘自己兵强将广，就感到害怕而乞求纳降，怎敢嘲笑苏秦、张仪呢？"

步骘听后，沉默不语。

与薛综交锋

薛综忽然问道："你如何看待曹操？"

诸葛亮回答说："曹操显然是汉室逆贼，你何必明知故问？"

薛综说："你说的这句话不对啊。刘汉传世至今，天数即将终结。曹操如今已有天下的三分之二，民众渴望安宁。刘备不识天时，意欲与曹操争雄，好比以卵击石，怎能不败呢？"

诸葛亮高声说道："你怎么能说出这般无父无君的话语！人在天地间活着，忠孝是立身的根本。你既然是汉朝臣子，见到谋逆的臣子，应当起誓诛杀，这是做臣子的道义责任。曹操的祖宗拿着汉室的俸禄，他却不思报效朝廷，反而怀揣篡逆之心，引起天下人的共愤；你却把这说成是天数，真是心中无父无君的人！我不足与你争辩，请你不要再说了！"

薛综满面羞愧，不能对答。

与陆绩交锋

陆绩应声问道："曹操虽挟天子以令诸侯，但也是相国曹参的后人。刘备虽为云中中山靖王后裔，但却无从考查，如今是个织席贩鞋的凡夫俗子，怎能与曹操抗衡呢！"

诸葛亮笑着说："曹操既然是曹相国的后人，他就是世袭的汉室臣子；他如今专权肆横，欺凌君父，不但目无君主，而且蔑视先祖，不仅是汉室的乱臣，也是曹氏家族的败类。我主刘备是堂堂的帝胄，当今皇帝按族谱赐予其爵位，怎么说是'无从考查'？况且高祖刘邦起初只是一个亭长，而后得了天下；织席贩鞋，怎么能说是一种耻辱呢？你这是小儿一般见识，不足与品德高尚、学识深厚的人对话。"

陆绩一时语塞，说不出话来。

与严畯交锋

严畯在席位上忽然说："孔明所言强词夺理，都不是正确的言语，不必再说。请问孔明用哪部经典治理天下？"

诸葛亮回答："寻章摘句，是世上迂腐儒士的想法，怎么能兴邦立国呢？古代在莘村耕作的伊尹，在渭水垂钓的姜子牙，辅佐高祖刘邦的张良、陈平等谋士，以及跟随光武帝刘秀的邓禹、耿弇等开国功臣，都有兴邦安国之才，从未听说他们平天下用哪部经典。这岂是书法描红，只在笔砚之间说黑道黄、舞文弄墨而已？"

严畯听罢垂头丧气，也不能对答。

与程秉交锋

程秉忽然大声说："你喜欢说大话，未必有真才实学，恐怕将被儒士嘲笑。"

诸葛亮看了他一眼，回答说："儒士有君子与小人之分。君子的儒，体现在忠君爱国，守正恶邪，想着泽及当下，留名后世。小人的儒，体现在潜心雕刻，专攻书法；年轻时喜欢作赋，年老时研究经典；笔下虽有千言，胸中实无一策。比如杨雄以辞赋而闻名，却屈身侍奉篡权者王莽，后来受到牵连，被迫从阁楼上跳下寻死，这就是典型的小人之儒；即使每日作赋一万句，又有什么价值呢！"

程秉答不上来。众人见诸葛亮对答如流，脸上都失去了光彩。

这时，座席上，张温、骆统二人，准备向诸葛亮发难。东吴粮官黄盖忽然从门外进来。他严肃地说："孔明是当世奇才，你们这些谋士唇枪舌剑相迎，这不是待客之道啊。曹操大军压境，你们不想退敌的办法，在这里徒劳口舌。"他对诸葛亮说："你为什么不将破曹良策说与我家主公，在这里与他们争辩什么？"诸葛亮说道："诸君不知时务，互相与我辩论，容不得不作答。"随后，鲁肃把诸葛亮引到堂上，与孙权相见。

【结果】

面对孙吴政权中多位谋士的轮番责难，诸葛亮凭借非凡的智慧与犀

利的口才，逐一进行了有力的反驳。最终，孙权被诸葛亮的言辞所打动，同意联刘抗曹，从而为蜀汉与东吴的联合抗曹大业奠定了坚实的基础。

【启示】|||||||||||||||||||||||||||||||||||||||||||||||||||||||||||

曹军南下时，孙权二十六岁。诸葛亮出使江东，他知道孙权年轻气盛，志向远大。诸葛亮来到东吴大殿，没有直接去见孙权，而是先舌战他手下的谋士。说服了这些谋士，孙权自然选择联合抗曹。

第二章　思维的缜密

诸子论人性

【背景】

早在春秋战国时期，诸子百家就开始辩论人性。告子是活跃于战国时期的思想家，告子与孟子辩论人性，他的言论出现在《孟子》一书中。

告子用水比喻人性，在他看来，人性就像围起来的一汪水，在东边开个口子就向东流，在西边开个口子就向西流。人性没有善与不善之分，就像水没有东西之分一样。

孟子则认为："水确实不分东西，难道还不分上下？人性本善如同水往下流。虽然水能被人为地堵塞流向高处，但这并非水的自然本性，只不过是迫于形势。所以说，人性本善。什么是善呢？人生来就具有四心：即恻隐之心、羞恶之心、恭敬之心和是非之心。恻隐之心是仁，羞恶之心是义，恭敬之心是礼，是非之心是智。仁义礼智本来就是人所固有的，求之则得，舍之则失。"

荀子反驳道："人的本性非但不善，而且人性本恶。人天生就是趋利避害、自私利己的。如果顺着这个本性，就会生争夺而无辞让，生残贼而无忠心，生淫乱而无礼义。人天生就带有劣根性，就好比曲木和钝器，曲木经过矫正才能笔直，钝器经过打磨才能锋利。人也是一样，只有经过教化才能为善。"

韩非子是荀子的学生，他继承了荀子性恶论的观点，又形成了与儒家完全不同的思想体系。韩非子主张以法治国，强调用严刑峻法来约束人性中的恶。

墨子则主张兼爱非攻，以爱人主义为核心来构建和谐社会。

【人物】

韩非（约公元前280—公元前233年）：后世尊称"韩非子"或"韩子"，战国末期韩国都城新郑（今河南新郑）人，出身韩国宗室。著名的哲学家、思想家和散文家，法家的主要代表人物和集大成者。

墨子（生卒年不详）：名翟，宋国贵族出身，曾任宋国大夫。著名的思想家、教育家、科学家、军事家，墨家学派创始人和主要代表人物。

【经过】

墨子原为儒门弟子，曾从师于儒者，因不满儒家学说另立新说，创立了墨家学派，成为主要的反对儒家派。墨家是一个宣扬"仁政"的学派。论及人性时，并非直接说明人性的善恶，强调人所处环境的重要性，认为教化可以改变人性。

墨子认为："我不讨论人性本善还是本恶。与什么样的人相处确实非常重要。我见过人家染丝，丝本来是没有颜色的，但是染青则青，染黄则黄，推而广之，一个人乃至一个国家也是一样的。商汤'染'于伊尹才能名扬天下，桀纣'染'于崇侯却落得个国破身亡，所以'染'这个字不可不慎。"

儒家经典《中庸》指出："天命之谓性，率性之谓道，修道之谓教。"意思是人的自然禀赋叫作"性"，顺着本性行事叫作"道"，按照"道"的原则修养叫作"教"。韩非虽是儒家一派的学生，他的老师荀子是儒家的集大成者。韩非却成为法家的集大成者。师生二人虽出自

同门，关于人性的观点却明显不同。

韩非子说："谈论人性还得从利出发，人性本恶，靠教化是不行的。例如，家里有个不成器的儿子，经常干坏事，父母虽然也恨铁不成钢，但是因为偏爱，只是苦口婆心地劝导，乡邻也经常责备他，劝他改过自新，老师也是对他进行各种道理的教育。父母之爱、乡里之行、师长之智，这三种可以算是很好的教化，结果这个儿子依然我行我素，如果这时官府出面，推行公法，告诉他再敢干坏事、作奸犯科，必将被投入大牢，受大刑伺候。他迫于恐惧，就会真正纠正自己的非法行为。再如，一堵十米高的城墙，跳跃高手都跳不过去，这是因为城墙十分险峻；千米高的大山，连瘸腿的母羊都能跑上去吃草，这是因为山势平缓。所以，人性必须要靠明法峻刑来威慑。法、术、势三者缺一不可，即便是小恶也要施以刑罚，这样就能把人性的恶念关在法治的笼子里。"

【结果】

墨子主张以"兼爱"为核心，包含平等与博爱的思想。墨家学派有大批的手工业者和下层士人追随。韩非子主张人性本恶，提倡以法治理。韩非创立的法家学说，为中国第一个统一专制的中央集权制国家的诞生，提供了理论依据。

【启示】 ||||||||||||||||||||||||||||||||||||||||||||||||||||||||||||||||||||||

春秋末期至战国时期，社会动荡不安，用友爱和教化来引导民众显然已不合时宜。韩非子秉持人性本恶的观点，大力提倡信赏必罚的法治原则，这一思想恰好迎合了当时新兴地主阶级的利益，较为贴近社会现实，因此在当时获得了广泛的认同。

由此可见，无论处于哪个年代，也无论辩论何种主题，辩论者提出的任何观点都应当紧密结合社会现实。脱离了实际的观点和主张，就如同无源之水、无根之木，往往难以得到他人的理解和认同。这样的观点不仅缺乏说服力，也难以在社会中产生实际的影响。

姚贾巧用比喻

【背景】

战国末期，秦国发起的兼并战争到了最后关头，韩、魏两国濒临灭亡，齐国宰相后胜收到秦国贿赂而消极备战，楚、燕、赵、越等四国意欲联合起来对付秦国。秦王获悉后召集大臣商议对策，姚贾自愿出使四

国，用重金收买和巧舌周旋，致使四国都不肯出兵，结盟抗秦的意图土崩瓦解。姚贾回到秦国报告外交成果，秦王论功行赏，拜姚贾为上卿。然而，在秦国朝堂之上以法家思想立足的韩非，因个人恩怨或利益纠葛，对姚贾心生不满。在秦王面前诬陷姚贾私自用秦国的财宝结交他国君主，有叛国之嫌。秦王听到此言，心中顿生疑虑，立刻召见姚贾问罪。

【人物】

姚贾：战国时期魏国人，出身低微。在秦国得到秦王嬴政的礼遇和赏识，被拜为上卿。

秦王（公元前259—公元前210年）：嬴姓，赵氏，名政。战国时期秦国国君。

【经过】

姚贾步入宫殿，向秦王行礼后，问道："大王，听说韩非子诬陷我用秦国的财物结交他国国君，这真是无稽之谈。我虽然没有才能，但懂得忠君爱国的道理，怎么会做出此等有损秦国利益的事情呢？"

秦王面色阴沉，反问道："韩非所言，证据确凿，你如何解释？"

姚贾回应说："大王，我愿以古代贤臣自比，以证明我的忠心。昔日的姜子牙，出身微贱，却能在渭水之滨直钩钓鱼，等待贤明的君主。他没有因为西周弱小而嫌弃它，反而协助周武王讨伐商纣王，最终成就了千秋功业。管仲，曾经是齐国公子纠的幕僚，公子纠争夺齐国王位失败后，管仲并未殉节而死，转投新任的齐国国君，成为齐桓公的宰相，协助齐桓公称霸诸侯。百里奚，原先是虞国大夫，虞国灭亡后，在楚国沦为奴隶，被秦穆公赏识，为秦国崛起立下汗马功劳。这三位都是贤臣，他们不是选择有权势的人物，而是以国家利益为重。我亦是这样，我的所作所为都是为了秦国大业，怎么会因私利而忘国呢？"

秦王听了这番话，仍未完全释疑。

姚贾继续说道："大王，我听说海里的大鱼，渔网捕不住，鱼钩钓不到，它震动身体离开了水，变得奄奄一息，蝼蚁就得意了。"姚贾将自己比作海里的大鱼，将秦国比作能让大鱼自由遨游的海洋，巧妙地表明秦国是其施展才华的场所，他在齐国的活动是为了掌握各国动向，为秦国谋取利益。

秦王觉得姚贾所言有理，逐渐放松了对姚贾的猜疑。姚贾趁机说："大王，韩非子诬陷我，实乃其私心作祟。我一心为秦国，却遭到无端指责，若大王不辨是非，听信谗言，恐会让真正忠心之臣心寒，也会让其他国家对秦国产生误解，认为秦国不重视贤才，从而影响秦国的霸业。"

【结果】

面对秦王的质问，姚贾对答如流。秦王最终醒悟，韩非的谗言不仅污蔑姚贾，还可能破坏秦国的稳定，影响秦国的兼并大业，因而没有惩处姚贾。

【启示】 ||||||||||||||||||||||||||||||||||||||||||||||||||||||||||||||||

在由谗言引发的信任危机中，姚贾以姜太公、管仲、百里奚为例，说明出身低贱并不妨碍效忠明主，强调贤臣不择地而栖。姚贾又以海里的大鱼比喻，向秦王表明他在齐国的活动以国家利益为重。他成功地自证清白，化解了在秦国的信任危机。一个人在重要活动或重大事件中展

现出卓越的才能，可能会引起别人猜忌，甚至被有利益冲突或因私结怨的人诬陷，导致个人出现信任危机。面对同事的猜忌或上司的质问，善于运用古代事例，恰当比喻，巧妙地展现口才智慧，可以迅速摆脱自己的嫌疑，重新获得他人的信任。

鸿门宴的言辞较量

【背景】

公元前209年，陈胜、吴广领导农民起义反抗秦朝。六国旧地起义队伍纷纷建国，刘邦在沛县起兵被拥立为沛公，项梁、项羽叔侄在会稽起兵，拥立楚怀王。

公元前208年，秦将章邯打败楚地起义军，杀死项梁，与王离联手攻打赵国，围困巨鹿。楚王决定兵分两路救援：刘邦攻关中，宋义、项羽救巨鹿。楚王许诺先攻下关中者封关中王。

宋义到安阳后，因秦军威势按兵不动，项羽则认为应立即救援，两人争吵后项羽杀死宋义，被楚王封为上将军。巨鹿一战，项羽摧毁秦军主力，威望大增。同时，刘邦攻打秦朝都城咸阳，秦军在蓝田激战中大败，秦三世子婴投降，秦朝灭亡。刘邦占领咸阳后自称关中王，但在谋士提醒下退到灞上。

项羽得知刘邦占领咸阳后焦急万分，立即率领四十万大军赶往咸阳城郊，驻扎在距离灞上四十里的鸿门。此时，一场决定未来局势的言辞较量即将在鸿门上演。

【人物】

刘邦（？—公元前195年）：字季，沛丰邑中阳里人（今江苏丰县），汉朝开国皇帝。出身农家，秦朝建立后出任沛县泗水亭长。陈胜、吴广起义后，刘邦集合三千子弟在沛县响应，自称沛公，投奔反秦义军首领项梁，共立楚怀王，鸿门宴时率领起义军的人数仅次于项羽。

项羽（公元前232—公元前202年）：姬姓，项氏，名籍，字羽，泗水郡下相县（今江苏宿迁）人，楚国名将项燕的孙子。响应陈胜、吴广起义，跟随项梁起兵在会稽（今江苏苏州）起兵，率领义军驰援巨鹿，大败秦军主力，鸿门宴时率领起义军的人数最多。

樊哙（？—公元前189年）：泗水郡沛县（今江苏沛县）人，西汉开国元勋。出身寒微，以屠宰为业，参加沛县起义，骁勇善战，屡立功勋。鸿门宴时，曾出面营救刘邦。

【经过】

据《资治通鉴》记载，项羽率军抵达函谷关时，发现关门紧闭。得知刘邦已经平定关中地区，项羽勃然大怒。刘邦麾下的左司马曹无伤，因惧怕刘邦被灭后自己受牵连，便派人告知项羽，刘邦有意在关中称王。谋士范增向项羽进言："刘邦昔日贪财好色，如今入关后却秋毫无犯，可见其野心勃勃，应尽快攻打，以免错失良机。"

项羽的叔父项伯与刘邦的谋士张良素有交情，他连夜骑马赶到灞上，向张良透露了项羽的意图，并劝他尽快逃离。刘邦得知后惊恐万分，深知自己兵力远不及项羽，便听从张良的建议，向项伯表明自己并无称王之心。项伯于是建议刘邦前往鸿门，亲自向项羽谢罪。

次日，刘邦带着一百多名随从来到鸿门。他走进大帐，恭敬地向项

羽行礼，并说道："我与将军共同攻打秦国，将军在黄河以北作战，我在黄河以南作战。没想到我侥幸先进入关中击溃秦军，才能在这里与将军相见。现在有小人在将军面前挑拨离间，导致我们之间产生误会。"

项羽听后说道："这都是你手下左司马曹无伤所说的，若非如此，我又怎会如此愤怒！"

项羽见刘邦态度恭顺，暂时打消了对他的疑虑，并留下刘邦一同饮酒。席间，范增三次举起身上的玉玦暗示项羽趁机杀死刘邦，但项羽只是沉默不语。范增无奈，只好走出大帐，找来项羽的堂弟项庄，对他说："项王过于仁慈，不忍心对刘邦下手。你进去给他敬酒，然后请求表演剑舞，趁机杀掉他。"

项庄是项羽麾下的一名武将，他走进大帐来到刘邦面前，请求舞剑助兴。项伯看出了项庄的意图，便也拔剑起舞，用身体护住刘邦。

张良见状，急忙走出大帐，对刘邦的侍卫樊哙说："情况危急，项庄在大帐里舞剑，想趁机刺杀沛公！"樊哙性格鲁莽，听到此言，手持利剑、握着盾牌就要冲进大帐。卫兵上前阻拦，却被樊哙推倒。

樊哙进入大帐后，两眼怒视项羽。项羽见状，手扶宝剑挺身而问："来者何人？"张良答道："这是沛公的侍卫樊哙。"项羽称赞道："真乃壮士！赏他一碗酒！"樊哙拜谢后，一口气喝完。项羽又说："再赐他一只猪肩！"樊哙把盾牌放在地上，把猪肩搁在盾牌上，拔出剑来切着吃。

项羽随后问道："这位壮士，你还能再喝酒吗？"樊哙回答说："我连死都不怕，难道还怕一碗酒吗？秦皇残暴不仁，导致天下大乱。楚怀王曾与诸将约定：'谁先击败秦军进入咸阳，谁就做关中之王。'

沛公率先击败秦军进驻咸阳，却并未称王，而是率领大军退到灞上驻守等待将军到来。沛公如此劳苦功高却未得封赏爵位。如今将军却听信小人谗言，欲杀有功之人，这岂不是重蹈秦朝的覆辙？我认为这种做法实在不可取！"

项羽听罢无言以对，只好说："请坐。"

【结果】

樊哙的抱怨使项羽有所顾虑，暂时与刘邦达成和解。宴会尚未结束，刘邦谎称要上厕所，和樊哙一同离席，出了大帐骑着快马逃回了汉军的大营。

【启示】 ||||||||||||||||||||||||||||||||||||||||||||||||||

逻辑在交谈和辩论中占据着举足轻重的地位。与人交谈时，话语的逻辑性至关重要。它不仅能清晰地传达我们的想法和意愿，使对方准确无误地理解其含义，还能赢得对方的理解与信服。以刘邦在鸿门宴上的表现为例，他虽仅寥寥数语，却明确无误地表达了自己无意称王的立场，这在一定程度上缓和了双方的对立氛围。尽管项羽的疑虑尚未完全消除，但这一表述动摇了项羽立即除掉刘邦的决心，为刘邦赢得了宝贵的逃脱时间和机会。

同样，在辩论中，言辞的逻辑性同样不可或缺。它不仅能增强说服力，还能让对方难以找到反驳的突破口，使我们的观点无懈可击。樊哙在鸿门宴上对项羽的一番言辞便是一个典型的例子。虽然他的言辞锋芒毕露，但由于逻辑严密、条理清晰，项羽竟无言以对。

因此，无论是交谈还是辩论，我们都应注重言辞的逻辑性，以确保

我们的观点能够准确无误地传达给对方，并赢得对方的理解与信服。

诸葛亮舌战王朗

【背景】

　　《三国演义》第九十三回描述：魏主曹睿太和元年，近臣向曹睿奏报，称诸葛亮率军攻打魏国，蜀兵已抵达祁山，希望尽早发兵迎敌。曹睿采纳了司徒王朗的奏议，任命大将军曹真为大都督，郭淮为副都督。尽管已76岁高龄，王朗仍自告奋勇，并获得批准，出任军师一职。

　　曹真率领二十万大军西行迎战。在两军交战之前，王朗以天下割据、汉朝气数已尽为论点，认为汉朝已无法再统一天下，而魏国的君主则有资格承担这一重任，他试图以此说服诸葛亮归降。然而，诸葛亮并未被王朗的说辞所动摇。他机智地转移了话题，指责王朗等朝廷官员的失职与不作为，导致天下贼寇横行，进一步加剧了汉朝宫廷的混乱局面，从而有力地反驳了王朗的观点。

【人物】

　　王朗（？—公元228年），本名王严，字景兴。东海郡郯县（今山东郯城县）人。汉末至三国曹魏时重臣、经学家，曾任谏议大夫、司空、御史大夫等职，获封安陵亭侯、乐平乡侯、兰陵侯。正史中并没有王朗随曹真出征的记载。

　　诸葛亮（公元181—公元234年）：字孔明，号卧龙，琅琊阳都（今山东沂南县）人，时任蜀汉丞相。

【经过】

曹真统率魏军横渡渭河，于西岸安营扎寨。他与王朗、郭淮共商退敌之策。王朗自信满满地提出："明日，我们可整肃军容，大展旗鼓。老夫亲自出马，只需一番言辞，定能让诸葛亮拱手投降，蜀军自然不战而溃。"曹真大喜，依计行事，并先行派遣使者向蜀军下战书。

次日，魏蜀两军在祁山前对峙，战鼓雷动，号角齐鸣。司徒王朗骑马而出，立于蜀军阵前。诸葛亮则端坐车中，手持羽扇，神态飘逸，缓缓而出。卫兵传令："汉丞相与司徒对话。"

王朗策马向前，诸葛亮在车上拱手行礼，王朗亦在马上欠身回礼。

王朗开言道："久闻丞相大名，今日得见，实乃幸事。丞相既知天命，识时务，为何还要兴兵动众，挑起无名之战？"

诸葛亮回应："我奉天子诏命，讨伐逆贼，何来无名之说？"

　　王朗继续道："天数有变，神器更易，此乃自然之理。汉朝自桓帝、灵帝以来，朝政衰败，黄巾之乱四起，天下大乱。董卓、李傕、郭汜等奸臣相继作乱，袁术称帝于寿春，袁绍称雄于邺城，刘表割据荆州，吕布占据徐州。群雄并起，汉室危如累卵，百姓苦不堪言。而我朝太祖武皇帝曹操，扫清六合，席卷八荒，天下归心，此乃天命所归。世祖文帝曹丕，文武双全，继承大统，顺应天意，下合民心，仿效尧舜禅让之制，在许都称帝，君临天下，这难道不是上苍的旨意吗？如今魏主曹睿雄才大略，堪比管仲、乐毅，怎会违背天意民心？古人云：'顺天者昌，逆天者亡。'魏国甲兵百万，良将千员，蜀国犹如萤火之光，怎敢与皓月争辉？你若投降，必受曹魏封赏，封侯拜相。如此，国家安定，百姓安乐，岂不美哉？"

　　诸葛亮在车上大笑，说道："我原以为你身为汉朝老臣，必有高论，没想到竟如此粗鄙不堪！我且问你，桓帝、灵帝之时，朝纲不振，宦官专权，百姓流离失所，四夷侵扰。黄巾之后，董卓等乱臣贼子相继作乱，劫持天子，残害百姓。朝堂之上，无能之辈窃据高位，禽兽之徒享受俸禄，狼心狗肺之徒当道，奴颜婢膝之徒掌权。致使社稷倾颓，百姓遭殃。你身为东海望族，从举孝廉入仕，本应辅佐君王，安定汉室，振兴刘氏。却助纣为虐，与逆贼同流合污，篡夺汉室江山。真是罪恶滔天，天地难容！如今天下之人，皆欲食你之肉！幸而苍天不绝汉室，昭烈皇帝继统西川。我今日奉汉嗣君刘禅之命，讨伐逆贼。你既为奸佞之臣，苟且偷生也就罢了，竟敢在此大放厥词，妄谈天数！你这白发老贼，死到临头，有何面目去见汉室二十四帝？速速退下，让其他反贼上来受死！"

王朗闻言，心胸郁结，突然大叫一声，跌落马下，气绝而亡。

诸葛亮以扇指曹真道："我不逼你。你可整顿军马，来日决战。"言罢，回车而去。两军见状，各自撤回营地。

【结果】

王朗自以为占据道义，首先发难，没想到诸葛亮的言辞更具攻击性，他被诸葛亮驳斥得哑口无言，急火攻心，气愤绝而亡。

【启示】 ||||||||||||||||||||||||||||||||||||||||||||||||||||||

其一，寻找并抓住对方的逻辑破绽至关重要。在三国时期，王朗与诸葛亮分别代表曹魏与蜀汉两大政权，各自捍卫着所属政治集团的利益。王朗坚信曹魏有资格继承大统，且其政权是通过合法的禅让程序获得的，如今兵强马壮，是顺应天意的正统；而诸葛亮则坚持蜀汉乃汉室正统的延续，讨伐叛逆是正义之举。两人的辩论不仅体现了政治立场的差异，更凸显了逻辑思维的较量。王朗自以为道义在手，却忽视了诸葛亮同样有着坚定的立场和信念，不会轻易妥协。他试图将自己的观点强加于诸葛亮，这实际上是对对手的轻视，因为诸葛亮早已立下北伐的决心，不会因王朗的言辞而动摇。

其二，精准攻击对方的软肋和弱点同样关键。王朗试图通过赞美曹魏的功绩，对诸葛亮进行道义上的绑架，以说服其顺应时局。然而，诸葛亮却针锋相对，直接指出曹魏政权的非法性，并质问王朗作为汉室老臣，为何会支持篡权者。这番言辞如同一把利剑，直击王朗的心理防线，使其价值观瞬间崩塌。王朗无法接受诸葛亮的言辞攻击，又无法找到有效的辩解方式，更不知如何进行有效的反击，最终导致了他的崩溃

和死亡。这启示我们，在辩论或交锋中，不仅要坚守自己的立场，更要善于捕捉并精准打击对方的弱点，以取得制胜的关键。

寇准劝说宋真宗御驾亲征

【背景】

宋朝自建立以来，始终面临着北方辽国的不断侵扰。在宋太宗的统治时期，宋朝曾两次主动出击辽国，但遗憾的是，这两次战争均以失败告终。自此之后，宋朝对辽国的战略方针发生了根本性的转变，由原先的积极进攻转变为稳健防守。

时间推进到公元1004年，辽国萧太后与辽圣宗耶律隆绪以收复瓦桥关为借口，亲自率领二十万大军挥师南下，对宋朝发动了大规模的进攻。辽军势如破竹，接连攻占了宋朝的数座城池，并一路势不可挡地推进至澶州（今河南濮阳）城下，其锋芒直指宋朝的都城东京（今河南开封）。随着辽国军队逼近的战报频传，整个宋朝的朝廷与民间都陷入极大的震动之中，君臣上下皆显得忧心忡忡、惶恐不安。

【人物】

寇准（公元961或962—公元1023年）：名寇准，字平仲，籍贯为华州下邽（今陕西渭南）。他两度荣登宰相之位，特别是在景德元年（1004），他担任了同中书门下平章事一职，这相当于现代意义上的宰相。

宋真宗（公元 968—公元 1022 年）：名赵恒，是宋朝的第三位君主。在景德元年（1004 年），他接受了宰相寇准的劝谏，决定御驾亲征，并最终与辽国达成了著名的"澶渊之盟"，这一盟约确保了宋辽两国在接下来的百年间维持了和平状态。

王钦若（公元 962—公元 1025 年）：字定国，出生于临江军新喻县（今江西新余）。他在宋真宗与宋仁宗时期均担任过宰相一职。咸平四年（1001），他被任命为左谏议大夫、参知政事，这一职位相当于现代的副宰相。

【经过】

得知辽兵进犯，皇帝宋真宗召见群臣商议对策，大臣们站在朝堂窃窃私语，谁也不知道如何是好。参知政事王钦若和大臣陈尧叟主张迁都，受到主战派寇准的指斥。宋真宗听说辽军来势凶猛，也有意迁都。因为大臣关于迁都的意见不一，宋宗真问宰相寇准有何想法。

寇准道："按照大辽骑兵的行军速度，不出半月即可到达大名府，若不将其拦截在大名府外，那么三日之内就会兵临东京城下，还望陛下号召各路大军以及澶渊戍卒在大名府会战，望陛下御驾亲征。"

郭大人反驳说："荒唐！陛下安全是国家的根本。京师重地更需要皇上坐镇。方能稳住军心，安定民心。"

王钦若立即附议："下官与郭大人意见相同。陛下万万不可亲征啊！"

寇准："陛下，大辽骑兵来势凶猛，所到之处烧杀抢掠，无恶不作。如果真的兵临东京城下，还有何安稳可谈。"

王钦若："寇大人，既然你说京师并非安稳之处，那么下官更加担

心陛下的安危。不如移驾西南的川蜀，或者东南的金陵（今南京），社稷方得保全。"

寇准："既然辽兵可能兵临城下，陛下怎么能够临阵脱逃？如今大敌当前，情况危急，我们只能前进，决不能后退。如果陛下率军亲征，将会提振我军士气，就一定能打退敌军；后退将会使军心涣散、百姓失望，敌军趁势进攻，恐怕连金陵也保不住。"

主张迁都的王钦若、陈尧叟等人无言以对。宋真宗听了寇准慷慨激昂的陈词，一时冲动就答应了。

寇准知道宋真宗软弱胆小，派人一路护送去澶州。宋真宗到了澶州，在北城门楼上召见了各军将领。宋军望见城楼上飘扬着黄龙旗，知道皇帝驾到，纷纷高呼"万岁"，顿时士气大振。宋真宗把军事大权交给寇准。这时，几千名辽兵前来攻城，寇准下令出击，宋军奋勇杀敌，消灭了一大半辽军。

这年十一月，攻打朔州的辽军因缺乏粮草撤退了。辽军后来又攻克了德清，三面包围澶州，宋军死守澶州城门。有一天，辽军统帅萧挞凛率领数十轻骑在澶州城下巡视，宋军大将张环取出弓箭射击，萧挞凛头部中箭坠落在马下，不久就死了。辽军主将身亡，士气大挫。萧太后得知萧挞凛死了，看到辽军再次受挫，打算跟宋朝议和。

宋真宗本来不想抗辽，早在出征前，就派人与辽国议和。寇准坚决反对议和，他向宋真宗苦谏说，辽国已经是强弩之末，应该大举进攻。然而，宋真宗畏敌如虎，一心只想议和，朝中大臣纷纷支持议和，有些人甚至说寇准拥兵自重，寇准无奈只得同意议和，最终大宋和辽国签订了"澶渊之盟"。

【结果】

寇准力排众议，坚持抵抗，反对南迁，朝堂上慷慨陈词说服了皇帝，促使真宗亲往澶州督战，从而稳定了军心，使宋辽双方订立"澶渊之盟"，北宋边境逐渐安稳。

【启示】 ||||||||||||||||||||||||||||||||||||||||||||||||||||||||||||||||

面对辽国突然发兵进犯，北宋朝廷分为主战派和主和派。寇准虽在朝堂言辞不多，但逻辑严密。他说："依据辽国骑兵的行军速度，推算出三日可抵达都城。在与王钦若辩论时说，后退将会使军心涣散，敌军趁势进攻，恐怕连金陵也保不住。这种预测结果，一旦成为现实就无法收拾。"这番说辞使主和派理屈词穷，就连皇帝也被说动了。

第三章　说服的策略

孟子劝说梁惠王

【背景】

孟子是战国时期儒家学说的重要传承者，他继承了孔子的儒家思想，并致力于将儒家的政治理论和治国理念转化为切实可行的国家治理主张，以期推广至天下。战国时期，诸侯国之间合纵连横，攻伐频仍。孟子坚信，仁政是最为理想的政治形态。他认为，如果统治者能够实行仁政，就能赢得人民的拥护和支持；反之，如果统治者不顾人民死活，推行暴政，就会失去民心，最终可能会被人民推翻。

为了实现自己的政治主张，孟子像孔子一样周游列国，不遗余力地游说各国君主，希望他们能够施行"仁政"。据《孟子·梁惠王上》记载，孟子在梁惠王后元十五年（公元前 320 年），来到了魏国都城大梁，亲自劝说梁惠王实行仁政。

【人物】

孟子（公元前 372—公元前 289 年）：姬姓，孟氏，名轲，字子舆（也有说法认为字子车、子居），是鲁国邹（今山东邹城）人。他是战国时期儒家思想的代表人物之一。

梁惠王（公元前 400—公元前 319 年）：即魏惠王，姬姓，魏氏，名罃，是战国时期的魏国第三任国君，魏武侯之子。由于面临秦国的强大压力，魏国都城从安邑（今山西夏县）迁到了大梁（今河南开封），因此魏国也被称为梁，魏惠王也就被称为梁惠王。"惠"是他去世后的谥号。

【经过】

一

孟子拜见梁惠王。梁惠王说道："老先生，您不辞辛劳远道而来，必定是对我的国家有着独到的见解和益处吧。"

孟子回应道："大王，何必总是提及利益呢？我们只需谈及仁义便足够了。大王您若说'如何使我的国家获利'，大夫们便会说'如何使我的封地获利'，而士人和百姓则会说'如何使我自己获利'。这样一来，上至君王下至百姓，人人都在为自己的利益而争斗，国家岂能不陷入危险之中？在那些拥有万辆兵车的诸侯国里，图谋篡夺国君之位的，往往是那些拥有千辆兵车的大夫；而在那些拥有千辆兵车的诸侯国里，图谋不轨的，则往往是那些拥有百辆兵车的大夫。这些大夫在万辆之国拥有千辆，在千辆之国拥有百辆，他们的实力已然不弱。倘若他们置道义于不顾，而将利益置于首位，那么不夺得国君之位他们便不会满足。自古以来，讲仁义的人不会抛弃父母，讲义的人不会不顾君王。因此，大王您只需倡导仁义，又何必总是提及利益呢？"

二

梁惠王说道："我对于治理我的国家，确实是竭尽全力了。河内（指黄河以北的今河南沁阳、济源、博爱一带，当时是魏国领土）地区发生灾荒时，我就将那里的部分民众迁移到河东（指黄河以东今山西西南部，当时是魏国领土）地区，同时把粮食运送到受灾地区进行赈济。

当河东地区发生灾荒时，我也是这样做的。我观察过邻国的治理情况，没有哪个国君像我这样为百姓费尽心思。然而，邻国的人口并没有减少，而我们魏国的人口也没有增加，这是为什么呢？"

孟子回答道："大王喜欢打仗，那我就用打仗来做个比喻吧。战鼓擂响，两军短兵相接，士兵们拼杀得十分激烈。这时，就有士兵丢盔弃甲，拖着兵器逃跑。有的士兵逃了一百步停下来，有的士兵逃了五十步就站住了。如果因为自己只逃了五十步就嘲笑那些逃了一百步的人，那会怎么样呢？"

梁惠王回答说："不可以，他们只不过没有逃到一百步罢了，但同样是逃跑。"

孟子说："大王如果明白这个道理，就不要指望魏国的人口会比邻国多。如果不耽误百姓的农时，粮食就会吃不完；如果不用细密的网到池塘里捕鱼，鱼鳖就会吃不完；如果按照时令砍伐山林，木材就会用不完。粮食和鱼鳖吃不完，木材用不尽，这就能够让百姓对生养死葬都没有什么遗憾了。百姓对生养死葬都没有遗憾，这就是王道的开端。如果一个人能有五亩田的宅地，种上桑树，那么五十岁的时候就可以穿上丝织的衣服了。如果一个人饲养鸡、猪、狗等家畜，又不耽误它们的繁殖时机，那么七十岁的时候就可以吃上肉了。如果一家有一百亩田地，并且不征劳役，不耽误农时，那么几口人的家庭就可以吃饱了。兴办学校教育，把尊敬父母、敬爱兄长的道理反复讲给孩子们听，须发花白的老人就不会背负或头顶重物在路上行走了。七十岁的人能够穿上丝绸衣服，吃上鱼肉，老百姓不缺衣少食，做到了这些而不能统一天下称王于天下的是绝不会有的。现在那些富贵人家里的猪狗吃的是人吃的食物，却不知道制止；道路上有饿死的人，却不知道开仓赈济；人饿死了，却说'这不是我的过错，是因为年成不好'，这与把人杀了却说'与我无关，是武器杀的'，又有什么不同呢？大王请不要归罪于年成，只要推

行仁政，天下的百姓就会来归顺您了。"

三

梁惠王说："我希望能听到您的指教。"

孟子回答道："用木棍打死人和用刀杀死人，在性质上有什么不同吗？"

梁惠王回答说："没有什么不同。"

孟子接着问："那么，用刀杀死人和用苛政害死人，又有什么不同呢？"

梁惠王再次回答："也没有什么不同。"

孟子说："假如一个国家的统治者，他的厨房里堆满了肥嫩的肉，马厩里养满了壮实的马匹，然而他的百姓却面有饥色，野外还有饿死的尸体，这岂不是如同带着野兽去吃人吗？野兽自相残食，人们尚且厌恶，而作为百姓的父母官，施行政治却不免于带着野兽去吃人，这怎么能算是百姓的父母呢？孔子曾经说过：'最初制作俑人来殉葬的人，是因为他没有后人来延续香火。'俑人只是像人而已，尚且被认为不可取，更何况让百姓活活饿死这样的事情呢？"

四

梁惠王说："我们魏国，从前没有哪个国家比它更强大，这是老先生您知道的。可是魏国的王位传到我手里，东边败给了齐国，我的长子也在那场交战中丧生；西边被迫割让了七百里领土给秦国；南边又被楚国欺侮。我对此感到无比耻辱，很想为死难者报仇雪恨，请问有可行的办法吗？"

孟子回答说：“方圆不过百里的小国，如果能够施行仁政，也能取得天下。大王如果对百姓施行仁政，减少刑罚，减轻赋税，鼓励农民深耕细作、勤除杂草，让年轻人在耕种之余学习孝亲、敬兄、忠诚、守信的道理，这样他们在家能侍奉父兄，在外能敬重尊长。那么，即使他们拿起木棍，也能打败装备着坚甲利兵的秦楚军队。因为秦楚两国常年征发百姓服役，占用了他们的农时，导致百姓无法耕种来奉养父母，造成父母冻饿，兄弟妻子各自逃散。那些国家的百姓如果陷入这种苦难之中，如果大王前去讨伐他们，谁还会来和大王对抗呢？所以古语说：‘施行仁政的君主，必然天下无敌。’请大王不要怀疑这个道理。”

【结果】

孟子详细阐述了施行仁政的道理，梁惠王对此表现出浓厚的兴趣。随后，梁惠王进一步询问孟子，是否有具体的办法能够使魏国变得强大，以便报复齐国、秦国和楚国；然而，孟子的回答相对较为宽泛和抽象，未能直接提供梁惠王所期望的具体措施，因此并未得到梁惠王的充分重视。

【启示】

孟子游说梁惠王施行仁政，这一行为充分体现了儒家的政治主张。在游说过程中，孟子言辞恳切，并引用孔子的话语，深刻渗透了儒家的仁义思想，这使得梁惠王在一定程度上表示了认同；然而，当梁惠王进一步向孟子请教，如何才能使魏国再次强大，足以抗衡秦楚等强国时，孟子的回答主要侧重于阐述大道理和原则，而没有提供具体可行的对策。这种做法既脱离了战国时期的实际情况，又难以在短期内取得显著

的成效，从而引发了后世对此的深刻反思与启发。

蔺相如完璧归赵

【背景】

战国时期，赵国国君赵惠文王得到了楚国的和氏璧。秦国国君秦昭襄王得知后，给赵惠文王写了一封书信。他在信中表示，秦国愿意用十五座城邑交换和氏璧。赵惠文王召集大臣商议，大臣们议论：赵国把和氏璧给了秦国，恐怕秦国不会让出十五座城邑；倘若不答应，秦国会借此向赵国发难。于是，商定派使者前往秦国相机行事。宦官令缪贤举荐他的门客蔺相如。

赵惠文王召见蔺相如，问道："秦昭王用十五座城邑请求交换我的和氏璧，能不能给他？"蔺相如说："秦国强，赵国弱，不能不答应。"赵惠文王说："秦昭王得到我的和氏璧，不给我城邑怎么办？"蔺相如说："秦国请求用城邑换和氏璧，赵国如不答应，赵国理亏；赵国给了和氏璧，秦国却不给赵国城邑，秦国理亏。权衡两种对策，赵国宁可答应，让秦国承担理亏的责任。大王如果确实无人可派，臣愿捧着和氏璧前往出使。城邑归属赵国了，就把和氏璧留在秦国；城邑不归属赵国，我一定把和氏璧完好地带回赵国。"于是，赵惠文王派遣蔺相如带着和氏璧，西行进入秦国。

【人物】

蔺相如：战国时期赵国上卿，外交家。

秦昭襄王（公元前 325 —公元前 251 年）：又称秦昭王。嬴稷，嬴姓，赵氏，名则。战国时期秦国国君。

【经过】

秦昭王在章台接见了蔺相如，他接过蔺相如献出的和氏璧，心里欣喜，随后传给妻妾和侍从观赏。侍从观赏后无不称奇，纷纷向秦昭王表示庆贺。

蔺相如看见秦昭王心安理得地接受众人的庆贺，未向赵国使臣说如何兑现承诺，判断出秦国没有用城邑交换和氏璧的意思，机智地走上前说："和氏璧上有个小斑点，让我指给大王看。"

秦昭王把和氏璧交给他，蔺相如手持和氏璧，退后了几步，身体靠在秦宫的柱子上，愤怒地对秦昭王说："大王想得到和氏璧，派人送信给赵王，赵王召集大臣商议，大臣们都说：'秦国贪得无厌，倚仗自身强大，想用空话得到和氏璧，给我们的城邑恐怕是得不到的。'大臣商议的结果是不想把和氏璧给秦国。我认为平民百姓之间的交往尚且不会互相欺骗，何况是大国之间的交往呢！况且，因为一块璧玉而使强盛的秦国不悦，也是不应该的。赵王斋戒了五天，派我捧着和氏璧，在殿堂上恭敬地递交国书。这是尊重大国的威望，以表敬意呀！如今我来到贵国，大王却在一般的离宫接见我，态度非常傲慢；得到和氏璧后，传给侍妾们观看，这样戏弄我。我观察大王没有给赵国十五城邑的诚意，所以收回和氏璧。大王如果逼我，我的头颅就同和氏璧一起在柱子上撞碎！"蔺相如手持和氏璧，斜视庭柱，就要向庭柱撞去。秦昭王怕他真把和氏璧撞碎，请求他不要这样做，随即招来官员查看地图，指明从某地到某地的十五座城邑将交割给赵国。

蔺相如心里清楚秦昭王不过是假装给赵国城邑，实际上赵国是不可能得到的，便对秦昭王说："和氏璧是天下公认的宝物，赵王惧怕贵国，不敢不奉献出来。赵王在送璧之前，斋戒了五天，如今大王也应斋戒五天，在殿堂上安排九宾大典，我才敢献上和氏璧。"秦昭王估量不可强力夺取，答应斋戒五天，请蔺相如在宾馆下榻。蔺相如明白秦昭王虽然答应斋戒，必定背约不给城邑，暗地里安排他的随从穿上粗麻布衣服，怀中藏好和氏璧，从小路逃出城，把和氏璧送回赵国。

秦昭王斋戒了五天，在殿堂上安排了九宾大典，请赵国使者蔺相如。蔺相如对秦昭王说："秦国从穆公以来的二十几位君主，没有一个坚守盟约。我实在是怕被大王欺骗而对不起赵王，所以派人带着和氏璧从小路已回到赵国了。况且，秦国强而赵国弱，大王派一位使臣到赵国，赵国立即就把和氏璧送来。如今依仗秦国的强大，先把十五座城邑割让给赵国，赵国怎敢留下和氏璧而得罪大王呢？我知道欺骗大王应被诛杀，我情愿下油锅被烹，希望大王和各位大臣好好考虑此事。"秦昭王和群臣面面相觑，感到十分惊讶。

大臣中有人建议把蔺相如拉出去杀掉，秦昭王却说："如今杀了蔺相如，还是得不到和氏璧，反而破坏了秦赵两国的交情，不如以礼相待，让蔺相如回到赵国，赵惠文王难道会为一块和氏璧欺骗秦国吗？"最终，秦昭王在殿堂上接见蔺相如，完成大礼后，让他回到赵国。

【结果】

蔺相如看到秦昭王无意给赵国十五座城邑，见机行事，机智应对，终于使和氏璧完好地回归赵国。

【启示】 ||||||||||||||||||||||||||||||||||||||||||||||||||||||

首先，随机应变。蔺相如作为赵国的使臣，他献上和氏璧却未得到秦昭王的承诺，于是巧妙地编造借口，说和氏璧上有一处瑕疵，秦昭王信以为真，便把和氏璧交到蔺相如手上。

其次，机智应对。蔺相如从秦昭王手里要回和氏璧，说和氏璧是天下公认的宝璧，赵王送璧之前斋戒了五天，秦王接受宝璧也应斋戒五天。用城邑交换和氏璧是国与国之间的一件大事，应在殿堂上安排九宾大典。这番言辞有理有据，足以让秦昭王信服。

李斯谏奏秦王赢政

【背景】

战国时期，秦国经过商鞅变法后国力大增，开始向外扩张。韩国作为秦国的近邻，首当其冲面临秦国的威胁。秦王赢政即位后，韩国国君得知秦国热衷于大兴土木，便想借此机会通过修建大型水利工程来消耗秦国的国力，使其无力向东用兵。于是，韩国派遣水工郑国前往秦国，游说秦国西引泾水向东注入洛水，以灌溉农田。虽然这项水利工程对秦国确实有利，但韩国的真实意图却是通过此举来削弱秦国。

然而，韩王的阴谋最终暴露，引起了秦国宗室大臣的警觉。他们认为非秦国人士不值得信任，担心山东六国的人士在秦国为官会对秦国不利，因此企图趁机赶走其他国家的人才，为宗室大臣腾出更多的职位。于是，他们请求秦王下令驱逐在秦国做官的外来人士。

秦王政十年（公元前237年），嬴政下令驱逐六国客卿。李斯作为秦王的侍从郎官，本是楚国人，也在被驱逐之列。于是，他向秦王上呈了一道奏疏，即著名的《谏逐客书》。

【人物】

李斯（？—公元前208年）：字通古，楚国上蔡（今河南上蔡）人。早年曾任楚国小吏，后师从荀子（荀卿为其尊称），学成后入仕秦国，成为丞相吕不韦的门客（非郎官）。他劝说秦王嬴政灭诸侯，因此被任命为长史。秦统一六国后，李斯被任命为丞相，参与制定了法律，并主导了车轨、文字、度量衡的统一制度。秦始皇死后，他与赵高合谋，伪造遗诏，拥立胡亥为帝。然而，后来他被赵高所忌恨，在秦二世二年（公元前208年）被腰斩于市。

秦王嬴政（公元前259—公元前210年）：嬴姓，赵氏（先秦时期男子称氏不称姓，故应称赵政），名政，秦庄襄王与赵姬之子。公元前247年继承秦王位。自公元前230年起，他先后灭亡了韩、赵、魏、楚、燕、齐六国，完成了统一大业，建立了秦朝，自称"始皇帝"。

【经过】

李斯在《谏逐客书》写道：

"臣听说一些官吏建议您驱逐所有的客卿，我私下认为这样做是错误的。

"从前，秦穆公寻求贤士，西面从戎国聘请了由余，东面从宛地得到了百里奚，又从宋国迎来了蹇叔，从晋国求来了丕豹和公孙支。这五位贤士，都不生长在秦国，穆公重用他们，兼并了二十九个诸侯国，结果在西戎称霸。

　　"秦孝公采用了卫国人商鞅制定的法令，改变了民间的风俗，民众因此而殷实兴盛，国家因此而富强，百姓愿意为国家效命，诸侯亲近顺服，俘获了楚国和魏国的军队，攻取了上千里土地，国家至今太平强盛。

　　"秦惠王采用了魏人张仪的计策，攻占了三川的土地，西面吞并了巴、蜀，北面收得了上郡，南面攻取了汉中，吞并了楚国境内许多少数民族所居住的区域，控制了鄢城、郢都，东面占据了成皋这个险要的关口，割取了肥沃富饶的土地，于是拆散了六国的合纵联盟，使他们侍奉秦国，当初所建立的功业一直延续到现在。

　　"秦昭王得到了魏人范雎，废掉穰侯，放逐了华阳君，增强了王室的力量，杜绝了豪门贵族的私情，像蚕吃桑叶那样逐步吞并了诸侯，使秦国成就了帝王之业。

　　"这四位君主，都是依靠客卿的力量才成就了功业。由此看来，客

卿有什么对不起秦国的地方呢？如果这四位君主拒绝客卿而不予接纳，疏远贤士而不加任用，那就将使国家失去了富庶的物质基础，秦国就没有了强大的名声了。

"现在，陛下您得到了昆仑山出产的美玉，拥有了随侯珠、和氏璧这样的珍宝，垂挂着亮如明月的珍珠，佩带着太阿宝剑，骑坐着纤离骏马，竖立着翠羽编成的凤形装饰物的旗帜，设置着用灵鼍皮蒙成的鼓。这几种宝物，没有一种是秦国出产的，可是您却喜欢它们，这是为什么呢？

"如果一定要秦国出产的东西才能用的话，那么，夜间能发光的璧玉就不能装饰在朝廷上，犀角、象牙雕制的器物就不会成为赏玩之物，郑国和卫国的美女就不会充满后宫，而各种宝马良驹就不可能挤满外边的马棚，江南所出产的金器锡器就不会被使用，西蜀出产的丹青就不会作为绘画的颜料了。

"所以，凡用来装饰后宫的、充作侍妾的、使人心意和耳目感到愉悦的东西，如果一定要是秦国出产的然后才可以用的话，那么，用宛地出产的珍珠做成的发簪，镶嵌着珠玑的耳环，用东阿的丝绸做成的衣服，五彩刺绣的装饰品就不会敬献到您的面前，而那些随着时尚变化，善于打扮自己的容貌艳丽、身材苗条的赵国的美女就不会站立在您的身旁了。

"那敲打瓦盆，叩击瓦罐，弹着秦筝，拍着大腿，呜呜地歌唱，使耳朵感到快乐的，这是真正的秦国的音乐；而郑、卫、桑间、韶虞、武象都是别国的音乐。现在您放弃敲击瓦盆瓦罐而接受郑、卫的音乐，废弃掉弹筝而要演奏韶虞的歌曲，这样做是为什么呢？无非是把使人感到快乐的东西摆在面前，总是选取最适于观赏的东西罢了。

　　"现在录用人才却不是这样，不问贤能与否，也不管他的是非曲直，只要不是秦国人就一概不用，来秦国做客卿的就一律加以驱逐。这样看来，您所重视的是美色、音乐、珠宝、美玉，而所轻视的是人才。这绝不是用来统一天下、控制诸侯的方略呀。

　　"我听说土地广阔，生产的粮食就会很多；国家强大，人口必然众多；武器精良，士卒就勇敢。因为泰山不拒绝细小的沙土，所以才能成就它的高大；大河大海不排斥细小的水流，才成就了它现在的深广；做君王的不拒绝众多的百姓，对于民众一视同仁，才能使他的德行显明于天下。所以，土地不论东西南北，人不分异国他乡，一年四季都充满美好，鬼神也降恩赐福，这就是五帝三王无敌于天下的原因。

　　"现在您却要抛弃百姓，把他们送去资助敌对的国家；拒绝所有外来的客卿，让他们为各诸侯国成就功业；使得天下的贤士退缩而不敢向西来，止住脚步不敢进入秦国，这就是人们所说的'借给敌人兵器，送给盗贼粮食'的做法啊。

　　"一些特殊的物品不出产在秦国，可是值得秦国珍爱的很多；贤士不生长在秦国，可是他们很多人愿意效忠秦国。现在，您要驱逐客卿变相帮助敌国，减少本国的百姓而增加仇敌的力量，在内部自己削弱自己，在外部又与诸侯结下仇怨，要想让国家没有危险，那是不可能的。"

【结果】

　　李斯以六国人才对秦国利大于弊为论点，成功说服了秦始皇废除了《逐客令》，并恢复了自己的官职。此后，李斯晋升为廷尉，他协助秦王推动了秦国统一六国的进程。

【启示】

奏疏，也称奏议，是中国古代臣子向皇帝陈述意见或说明情况的文本，内容涵盖了述职、议政、进谏、弹劾等多个方面。这篇奏疏充分展现了李斯的高超智慧和雄辩才能，为后人提供了宝贵的借鉴：

第一，注重方式方法。在说服他人时，应避免让对方感到难堪。李斯在奏章开头巧妙地写道，他听说官吏们在议论驱逐客卿的事情。他将"逐客"称为"吏议"，这种说法使得秦王更容易接受。

第二，运用正反例子进行对比。李斯列举了穆公、孝公、惠王、昭王四位国君任用客卿后秦国变得强大的事实，以此来说明逐客显然是错误的决策。

第三，话题紧扣对象。李斯委婉地指出，秦王所喜爱的美玉、珠宝、美女、音乐等都不产于秦国，以此唤起秦王称霸天下的雄心。接着，他提醒秦王，如果不分是非地驱逐客卿，就会造成人才流失，这显然不是统一天下的明智之举。

第四，善用修辞手法。李斯从地广粟多联想到泰山不拒沙土、河海深广因为不排斥溪流，通过类比的手法增强了议论的说服力。他进而使秦王明白，要想使国家强大，就必须对民众一视同仁。

左宗棠反对李鸿章放弃新疆

【背景】

第二次鸦片战争结束后，沙皇俄国侵占了中国东北大片领土，随后又将侵略的魔爪伸向了中国西北边疆。1865 年，中亚浩罕国在英国的支持下，派遣军官阿古柏率领军队入侵新疆，并建立了反动政权。此后，天山南北的大片地区落入了阿古柏侵略军的掌控之中。与此同时，俄国公然支持阿古柏政权。1871 年，沙俄更是趁机出兵占领了伊犁地区，新疆面临被肢解和吞并的严重危险。

就在西北边疆的祸患尚未消除之际，东南沿海又突然出现了新的隐患。1874 年，日本帝国主义侵犯了我国台湾地区。这一消息传到京城后，朝野上下为之震动。随着我国东部海防局势的日益紧张，关于是巩固塞防还是加强海防的争论也愈演愈烈。朝廷内部形成了主战派和主和派两大阵营。掌控朝政的李鸿章以"海防"形势紧迫为由，主张放弃新疆，认为应将原本用于西征的军费转而投入东南海防的建设；而陕甘总督左宗棠则坚决反对，他认为应当驱逐入侵者，收复新疆。在商讨新疆问题的过程中，左宗棠与李鸿章展开了激烈的争论。

【人物】

左宗棠（公元 1812—公元 1885 年）：字季高，一字朴存，号湘上农人，湖南湘阴人。晚清时期的重要官员，历任浙江巡抚、闽浙总

督、陕甘总督、协办大学士等职务。他还曾担任钦差大臣,督办新疆军务,成功讨伐阿古柏,收复失地。

李鸿章(公元1823—公元1901年):字渐甫(一作子黻),号少荃,晚年自号仪叟,别号省心,安徽省庐州府合肥县人(今合肥市境内)。晚清时期的重要官员,曾任直隶总督,兼北洋通商大臣等职务,深度参与了清廷在外交、军事、经济等方面的重大事务,是洋务运动的主要领导人之一,并成功组建了北洋水师。

【经过】

1874年,一日,清廷召开朝会,商议边疆防务问题。年幼的光绪帝端坐于皇位,慈禧太后则陪坐在其旁。早朝伊始,慈禧太后神情凝重地开口问道:"新疆,这块地方,咱们大清还要不要了?"语气中透露出一丝无奈与决绝。

慈禧太后的话音未落,大殿内便响起了一片议论之声。部分大臣主张以战止战,力挺朝廷派遣军队驱逐入侵者;部分大臣则倾向于和谈,建议朝廷派遣使者与入侵者进行谈判,以和平方式解决新疆问题;还有部分大臣则犹豫不决,默默地站在大殿中,未发一言。

李鸿章,这位在朝中位高权重的大臣,缓缓开口道:"太后,臣以为,我国疆域虽广,但新疆地处偏远,地广人稀,资源亦非丰富无比。加之其地多沙漠,环境恶劣,弃之并不可惜。且放弃新疆,于我大清元气无损。"

左宗棠闻言,立即挺身而出,反驳道:"新疆乃我国的宝贵领土,每一寸土地都承载着国家的尊严与民族的未来,怎能轻言放弃?且新疆并非贫瘠之地,实则土地肥沃,物产丰富。有人称其为千里荒漠,实则谬矣，新疆实则是一个聚宝盆。"

李鸿章继续坚持己见："新疆距离内地路途遥远，交通极为不便。朝廷若每年花费三百多万军费去守卫那片贫瘠之地，实乃得不偿失。与其如此，不如集中精力发展内地，巩固我大清的根基。"

左宗棠则针锋相对："新疆乃我国的西北门户，战略地位极其重要，绝不能轻言放弃。若放弃新疆，不仅甘肃、陕西将暴露于外敌之下，就连蒙古亦将不得安宁，甚至北京也将受到威胁。"

李鸿章仍不放弃："若要收复新疆，必与俄国人开战。以我朝之力，恐难取胜，且需耗费巨资。不如干脆放弃新疆，以免劳民伤财。"

左宗棠怒斥道："若放弃新疆，俄国必将趁势而入。今日失新疆，明日或将失蒙古，中原亦将危矣。到那时，李中堂，你便是千古罪人！"

李鸿章闻言，怒道："左宗棠，你休要血口喷人！我一心为了大清，岂会做出卖国求荣之事？"

左宗棠则更加愤怒："朝廷尚未发兵，你便在此长他人志气，灭自己威风！我看你是贪生怕死，苟且偷安之辈！"

李鸿章被左宗棠怼得哑口无言，大殿内的气氛顿时变得紧张而凝重。

"此事，容后再议。"慈禧太后的一句话，终于打断了朝堂上的争论。

虽然朝堂上的争论暂时平息了，但朝廷对新疆的决策仍未做出。军情紧急，不容拖延。在朝堂争辩期间，左宗棠的主张得到了军机大臣、总理各国事务大臣文祥等人的支持。于是，晚清实权的操控者慈禧太后紧急密会了左宗棠。

当日，左宗棠在会见时坚定地说道："太后，东西两边的防务同等重要。新疆绝非鸡肋之地，它是我国的西北门户，战略地位极其重要。

一旦失去新疆，后果将不堪设想！"

次日，左宗棠加急上书，在这份奏折中详细论述了收复新疆的必要性。他明确提出，国家的防御应海防与塞防并重，西北无虞则东南自固。他深入分析了当前形势，坚决反驳了放弃新疆的论调，并强调若不解决此问题，整个国土都将面临瓦解的危险；同时，他还再次重申了新疆土地肥沃、物产丰裕的事实。

【结果】

左宗棠在朝堂上驳斥了李鸿章放弃新疆的观点，陈述了收复新疆的重要性，使晚清当权者意识到塞防的危机更为严重。如果全力发展海防而忽视塞防，那么来自北方沙俄的威胁将迅速加剧，可能导致大清王朝覆灭。于是，清廷任命左宗棠为钦差大臣，督办新疆军务，以平定新疆之乱。1876年，左宗棠不顾自己年老体衰，亲自率领六万大军出征。经过两年多的浴血奋战，他终于攻克了阿古柏的老巢，收复了除伊犁以外的新疆全部领土。

【启示】

塞防与海防何者应优先，清廷内部两派争论不休。维护国家版图完整，本应兼顾海防与塞防，无奈李鸿章在朝中势力庞大，导致清廷犹豫不决。左宗棠立足于朝堂，放眼全国大局，据理力争，最终坚定了清廷收复新疆失地、优先解决塞防祸患的决心。朝堂上的这一场争辩，对晚清防务决策起到了关键作用，吹响了收复新疆的号角，在中国历史上留下了不可磨灭的一页。

第四章　精明的游说

邹忌游说齐威王

【背景】

战国时期，七个诸侯强国之间不断发生攻伐与兼并战争。在如此激烈竞争的形势下，各国为了增强国力，纷纷招募人才，进行政治改革。谋士们利用七国之间错综复杂的斗争形势，凭借出色的学识和才能，在七国之间游说，提出自己的政治主张或斗争策略，以期得到国君的采纳。

在复杂的政治和军事斗争中，齐国与魏国暗中较量。为了招揽天下人才，齐国创办了稷下学宫。蔡桓公在位期间，邹忌作为一位文臣，并未得到重用。然而，当齐威王继位后，邹忌面见齐威王，通过弹琴巧妙地引出治国的道理，从而得到了齐威王的赏识，并被任命为相国。此后，他积极劝说齐威王广开言路，虚心纳谏。《史记》和《战国策》分别详细记载了邹忌游说齐威王的经过。

【人物】

邹忌（约公元前385—公元前319年）：战国时齐国大臣。齐威王即位后，出任相国。封于下邳（今江苏邳州市西南），称成侯。

齐威王（公元前356—公元前320年）：战国时齐国国君。妫姓，田氏，名因齐，田齐桓公田午之子。公元前356年继位，在位36年。

【经过】

邹忌说琴谏齐王

公元前 356 年，齐桓公田午去世后，他的儿子田因齐即位，历史上称为齐威王。齐威王酷爱弹琴，常常独自在后宫抚琴自娱，对国家大事漠不关心。转眼间九年过去了，齐国逐渐衰落。邻国见齐威王如此昏庸，纷纷起兵侵犯，齐国接连败退。

一天，齐国的一位文臣邹忌，自称是一位琴艺高超的琴师，走进了王宫。他对侍臣说："听说大王喜欢弹琴，我特地前来拜见，希望能为大王抚琴一曲。"侍臣禀报齐威王后，齐威王高兴地召见了他。

邹忌走进内宫，聆听齐威王弹琴。一曲终了，他连声称赞："好琴艺！"齐威王放下琴，按着剑问道："先生刚才进来时并未仔细观看，怎么知道我琴艺好，又好在哪里呢？"

邹忌躬身回答说："我听出来了，大王弹奏大弦时，琴声浑厚如春，象征着君王的仁德；弹奏小弦时，琴声清晰明朗，象征着贤臣的智慧。大王的指法娴熟精湛，弹出的每个音符和谐动听，庄重的音节深沉有力，欢快的音节悠扬舒展，就像国家发布的政令一样。琴声多变而不紊乱，高低和谐而相辅，回旋曲折而互不干扰，就像四季的自然转换。我听到如此美妙的琴声，因此知道大王弹得好！"

齐威王说："你果然精通音律啊。"

邹忌说："何止音律，治理国家、安定人民的道理也都寓含在音律之中。"

齐威王有些不悦："要是谈到五音调配成律的道理，确实没有人能比得上先生；但治理国家、安定人民，这与丝竹管弦又有什么关

系呢？"

邹忌接着说："弹琴和治理国家一样，都需要专心致志。七根琴弦就像君臣之道，大弦弹出的声音如春风浩荡，象征着一国之君；小弦弹出的声音如山涧溪水，象征着一国之臣。该弹哪根弦就用心去弹，不该弹的弦就不要弹，就像国家的政令一样。七根琴弦既配合又协调，才能弹奏出美妙的音乐；一个国家的国君和大臣各尽其责，才能国富民强、政通人和。弹琴和治国的道理是一样的啊！"

齐威王说："先生，你的乐理真是说到我的心坎里去了。但是光知道弹琴的道理还不够，必须审察并明白琴音才行。请先生试弹一曲吧。"

邹忌离开琴位，两手轻轻舞动，摆出弹琴的架势，却并没有真弹。齐威王见邹忌如此这般，恼怒地指责："你为何只摆架势不去真弹呢？难道你想犯欺君之罪吗？"

邹忌回答说："微臣以弹琴为谋生的职业，当然要悉心研究弹琴的技法。大王以治理国家为要务，又怎能不用心研究治国的计策呢？这就像我抚琴不弹，只做做样子。抚琴不弹就无法让您心情舒畅；您有国家而不治理也就无法使百姓心满意足。这个道理大王您要三思啊。"

齐威王赞许地点头道："你说得对！"

邹忌讽齐王纳谏

邹忌，齐国的一位大臣，身高八尺有余，身形魁梧，相貌堂堂。一日清晨，他穿戴整齐，对着镜子端详自己，问妻子道："我与城北的徐公相比，谁更英俊？"妻子笑道："您英俊非凡，徐公哪里比得上您呢？"要知道，城北的徐公可是齐国公认的美男子。邹忌心中暗自疑惑，又向妾室求证："我与徐公相比，谁更英俊？"妾室同样回答道："徐公怎能与您相提并论呢？"

次日，一位客人来访，邹忌与他闲谈之际，再次问起："我与徐公相比，谁更英俊？"客人毫不犹豫地回答："徐公自然是不如您。"

然而，当徐公亲自来访时，邹忌仔细打量，发现自己确实不如徐公英俊。再照镜子，更是觉得自己长得与徐公相去甚远。夜晚，邹忌躺在床上辗转反侧，终于悟出了其中的道理："妻子说我英俊，是因为她对我偏爱；妾室说我英俊，是因为她对我畏惧；客人说我英俊，则是因为他有求于我。"

不久后，邹忌上朝拜见齐威王，将此事娓娓道来。他诚恳地说道："我自知不如徐公英俊，任妻子偏爱我，妾室畏惧我，客人有求于我，因此他们都说我英俊。如今齐国疆域辽阔，宫中的妃子、近臣无不对大王偏爱有加，朝中大臣无不对大王心生畏惧，全国百姓无不对大王有所求。由此可见，大王您受到的蒙蔽何其深重啊！"

齐威王听后恍然大悟，随即下令："无论官职大小，无论平民百姓，凡是能当面指出我过错的人，将受到上等奖赏；凡是能以书面形式劝谏我的人，将受到中等奖赏；凡是在公共场所议论我的过失并传入我耳中的人，将受到下等奖赏。"

此令一出，朝野上下纷纷进谏，宫门前庭院内人山人海，犹如集市一般；数月之后，进谏者仍络绎不绝；一年之后，即便有人想进谏，也已无话可说。

此事传至燕、赵、韩、魏等国，各国纷纷派使臣前来朝见齐王。这便是所谓的"在朝廷上战胜别国"。

【结果】

　　齐威王即位伊始，荒于酒色，不问政事，内乱外患。邹忌通过说琴劝谏齐威王，获得了齐威王的赏识，出任国相。

　　后来，邹忌劝说齐威王纳谏，针对卿大夫专权的问题，齐威王革新政治，修明法制、选贤任能，赏罚分明，齐国国力日渐强大。

【启示】 ‖‖

　　战国时期齐国谋士邹忌通过说琴谏齐王，得到了齐威王的赏识，进而被任命为国相。为了劝说君主纳谏，邹忌劝谏的过程体现了高超的智慧。他没有直接指出齐王的错误，而是以含蓄委婉又形象生动的方式表达自己的观点，启发齐威王看到受蒙蔽的严重性，从而懂得纳谏的重要性，在不知不觉中接受他的建议。这种劝说方式让对方易于接受自己的观点或意见，在现代社会同样具有借鉴意义。

苏秦游说列国

【背景】

　　战国时期，诸侯争霸，各国纷纷励精图治，以增强自身实力；同时，各国也通过结盟和攻伐来扩大势力范围。

　　据史书记载，苏秦出身于务农之家，早年曾前往齐国求学，师从鬼谷子。学成之后，他外出游历，却未能获得一官半职，最终落魄地回到家中。面对家人的冷漠与嘲笑，苏秦发愤图强，深入研读兵书，自认为已经胸有韬略，于是开始四处游说。

　　他先来到周天子的领地，试图说服周显王。然而，周显王的臣子们却看不起他，导致他未能获得周显王的信任。

　　随后，苏秦西行前往秦国，对秦惠王说："秦国地势险要，群山环抱，百姓众多，士兵训练有素，足以吞并天下，建立帝业。"然而，秦惠王却以"鸟儿的羽毛还没长丰满，不可能凌空飞翔；国家的政教尚未正轨，不可能兼并天下"为由，拒绝了他的建议。此外，秦国不久前处死了商鞅，对游说的策士心存戒备，因此自然不会任用苏秦。

　　在秦国碰壁后，苏秦又向东前往赵国。然而，他在赵国同样没有受到重视。接连碰壁后，苏秦意识到秦国在七国中实力最强，但秦王却不用他。于是，他决定改变策略，游说六国诸侯，共同对抗秦国。

【人物】

　　苏秦（生卒年不详）：己姓，苏氏，名秦，字季子，东周雒阳（今河南洛阳）人。战国时期纵横家，提出"合纵"抗秦谋略。

　　燕后文公（？—公元前333年）：亦称燕文侯，姬姓，名不详，燕后桓公之子，战国时期燕国国君。

　　赵肃侯（？—公元前326年）：嬴姓，赵氏，名语，赵成侯之子，战国时期赵国第五代君主。

　　韩宣王（？—公元前312年）：亦称韩威侯、姬姓，韩氏，名康，韩昭侯之子，战国时期韩国国君，史称韩宣惠王。

　　魏襄王（？—公元前296年）：姬姓，魏氏，名嗣，一名赫，魏惠王之子，战国时期魏国第四任国君。

　　齐宣王（？—公元前301年）：妫姓，田氏，名辟疆，齐威王田

因齐之子，战国时代田齐第五位国君。

楚威王（？—公元前 329 年）：芈姓，熊氏，名商，楚宣王之子，战国时期楚国国君。

【经过】

游说燕国

燕后文公二十八年（公元前 334 年），苏秦抵达燕国，并等候了一年多。当他的盘缠即将用尽时，客店掌柜告知他燕后文公的车辇即将经过。苏秦随即趴在路上，恳求一见。燕后文公见状，便将他带回宫中。

苏秦对燕后文公说道："燕国东接朝鲜、辽东，北临林胡、楼烦，西靠云中、九原，南濒滹沱、易水，地域辽阔，纵横两千余里。我国军队数十万之众，战车六百辆，战马六千匹，粮食储备足以支撑数年。南部有碣石、雁门的肥沃之地，北部盛产红枣和板栗，百姓即便不事农耕，仅凭这些果实也足以富足。这便是人们所说的天然宝库啊！"

接着，苏秦继续道："燕国百姓安居乐业，无战事之忧，不见军队覆灭、将领阵亡之惨状。在这方面，没有哪个国家能与燕国相提并论。大王可知这是为何？燕国之所以不受外敌侵扰，皆因赵国在南部为我们遮风挡雨。秦赵之间五次交战，双方互有伤亡，实力渐弱。大王可凭借燕国的全部力量，在背后牵制他们，这便是燕国安然无恙的原因。再者，若秦国欲攻燕国，必穿越云中、九原，再经代郡、上谷，千里迢迢。即便攻克燕城，也难以守住。因此，秦国难以侵犯燕国的原因显而易见。然而，若赵国欲攻燕国，只需一声令下，不出十日，数十万大军便可抵达东桓。再渡过滹沱、易水，四五日便可兵临城下。所以说，秦国攻燕是千里之外的事情，难度极大；而赵国攻燕则是百里之内的事情，易如反掌。大王忧虑千里之外的秦国，却不防备百里之内的赵国，这是战略上的失误。大王若能与赵国结盟，共为一体，则燕国可保无忧。"

燕后文公听后觉得此计甚妙，但担心赵国不会同意。苏秦主动请缨，表示愿意前往赵国游说。燕后文公应允道："若能以合纵之计确保燕国安定，我愿听从你的安排。"于是，他资助苏秦车马钱财，让他前往赵国进行游说。

游说赵国

苏秦抵达赵国，对赵肃侯说道："请允许我为您剖析赵国的外患。若赵国与齐、秦两国为敌，则百姓难得安宁；若倚仗秦国攻打齐国，百姓亦不得安宁；若倚仗齐国攻打秦国，百姓同样难得安宁。"

"当前，崤山以东的国家中，赵国最为强大，秦国最为忌惮的亦是赵国。然而，秦国为何不敢轻易发兵攻打赵国？并非畏惧赵国本身，而是忌惮韩国和魏国在赵国背后的牵制。韩、魏两国犹如赵国南边的屏

障。一旦秦国攻破韩、魏，这两国将无险可守，很快便会沦为秦国的臣属。届时，秦国再无后顾之忧，战祸必将降临赵国，这是我为您深感忧虑的原因。

"我私下里曾仔细研究过天下的地图，诸侯国的土地面积五倍于秦国，士兵数量更是秦国的十倍。若六国能够团结一致，共同发兵攻打秦国，秦国必将败亡。然而，如今各国却反而惧怕秦国，甚至向秦国称臣。战胜他人与被他人战胜，让他人向自己称臣与自己向他人称臣，这两者岂能相提并论？

"那些主张连横的谋士，都企图将诸侯国的土地割让给秦国，以换取个人的荣华富贵。一旦秦国的霸业得成，他们便可以建造高楼广厦，居住在华美的宫室中，享受筝瑟之音，庭院前有楼台宫阙，出门则乘坐豪华的车马，身边更有美女相伴。至于各国因秦国而遭受的灾难，他们却从不为诸侯分忧。这些主张连横的谋士，利用诸侯对秦国的恐惧心理，恐吓六国，谋求割地。秦国因此日益强大，他们也就更加显赫；大王对此应深思熟虑！

"我为大王设想了一个计策，即召集韩国、魏国、齐国、燕国、赵国五国，在洹水之滨结盟，交换人质，并约定：'若秦国攻打盟国中的任何一国，其余各国须派遣精锐之师，或阻挠秦国，或救援被攻之国。若有违此约，其余五国将共同讨伐之。'只要诸侯国能够团结一致，共同对抗秦国，秦国便不敢轻易发兵东出函谷关。"

赵肃侯听后，说道："我年纪尚轻，即位亦不久，未曾听闻过使国家长治久安的策略。如今您有意拯救天下，安定诸侯，我愿诚心诚意地听从您的安排。"随后，赵肃侯资助苏秦马车、黄金、璧玉、绸缎等物，让他前往各诸侯国进行游说。

游说韩国

这一年，秦惠王发兵攻打魏国，生擒魏军将领龙贾，并攻克了魏国的雕阴（今陕西甘泉）。苏秦抵达韩国，对韩宣王说道："韩国北部有坚固的巩邑、城皋作为屏障，西部有宜阳、商阪的要塞，东部则有宛、穰以及洧水的天险，南部则依傍陉山，地域纵深达九百余里，军队人数多达数十万。且天下的强弓、劲弩、利剑皆出自韩国。比如那溪子弩，射程可达六百步之外。韩国士兵脚踏连弩射击，能连续发射百箭而不停歇。对于远处的敌人，能射穿其铠甲，直透胸膛；对于近处的敌人，则能射中心脏。韩国士兵所配备的剑、铠甲、铁衣，以及臂套、盾牌、系于盾牌的丝带等，无一不精良。凭借韩国士兵的勇猛，身披坚固的铠甲，手持强劲的硬弩，佩戴锋利的宝剑，以一当百亦非难事。然而，拥有如此强大的兵力和大王您的贤明，却向西侍奉秦国，拱手称臣，使国家蒙受耻辱，被天下人耻笑，这无疑是极为糊涂的。希望大王您能深思熟虑。"

"若大王您向秦国称臣，秦国必定会向您索取宜阳、成皋等要地。今日满足了秦国的要求，明日秦国又会索要更多的土地。若给予，则韩国土地有限，终将无法满足其贪欲；若不给，则已割让的土地将付诸东流，且会招致更大的灾祸。再者，大王的土地有割尽之时，而秦国的贪欲却永无止境。以有限的土地去满足无限的贪欲，这无疑是在自掘坟墓，结怨于秦，埋下祸根啊！还未开战，土地便已割让。俗话说得好：'宁为鸡口，不为牛后。'大王您如此英明，军队如此强悍，韩国却背负着'牛后'的恶名，我私下里都为大王您感到羞愧！"

韩宣王听罢，气得脸色铁青，捋起袖子，愤怒地瞪大眼睛，手按宝剑，仰天长叹道："我虽不才，但也决不会向西侍奉秦国。您既然传达

了赵王的旨意，我愿意倾全国之力听从您的安排。"

游说魏国

苏秦抵达魏国，对魏襄王说道："韩国的疆域虽然不大，但田野间房屋密布，连放牧牲畜之地都显得捉襟见肘。人口众多，车马喧嚣，日夜不息，人声鼎沸，犹如三军集结之势。我私下估量，韩国的实力与楚国不相上下。然而，那些主张连横的人却诱使您侍奉秦国，与如虎狼般的秦国一同侵扰天下。一旦魏国遭受秦国的侵害，又有谁会顾及您的感受呢？主张连横的人倚仗秦国的强权，在内部胁迫别国君主，这种罪恶之深重，无以复加。魏国，是天下的强国；大王，亦是天下的贤君。您竟然有意向西侍奉秦国，自称秦国的东藩之臣，为秦国建造离宫，接受秦国的分封，采用秦国的冠服礼仪，春秋两季向秦国纳贡助祭，我私下里真为大王感到羞耻。"

"我听说越王勾践仅凭三千士兵便活捉了吴王夫差；周武王则以三千士兵、三百辆战车，在牧野之战中击败了商纣王。难道他们是因为兵多将广才取得胜利的吗？非也，是因为他们充分发挥了自己的实力。如今，我听说大王的军事力量，精锐部队有二十万，裹青巾的士兵二十万，擅长冲锋陷阵的勇士二十万，杂役兵十万，战车六百辆，战马五千匹。这样的实力，远超越王勾践和周武王。然而，您如今却被群臣的言论所误导，想要以臣子的身份侍奉秦国。如果魏国服侍秦国，必然会割让土地以示忠诚，结果是还没动用军队，国家就已经吃亏了。因此，那些妄言侍奉秦国的群臣，皆是奸佞之徒，而非忠臣。他们想要割让大王的土地，以求得与秦国的友谊，从而损坏国家利益，捞取个人好处。他们对外倚仗强秦的势力，从内部胁迫自己的国君，以达到割让土地的目的，希望大王能够明察秋毫。

　　"事前不考虑周全，事后必将灾祸临头。大王如果真能听从我的建议，六国联合相亲，齐心合力，就能免受强秦的侵害。所以，赵王派我前来献上这不成熟的策略，并奉上详细的公约，希望大王来号召大家。"

　　魏襄王听后，说道："我从未听说过如此贤明的指教。如今您奉赵王的使命来指引我，我将率领全国民众听从您的安排。"

游说齐国

　　苏秦向东行至齐国，对齐宣王说道："齐国南面倚靠泰山，东面濒临琅邪山，西面有清河作为屏障，北面则与渤海相接，四面皆有天险作为保护。国土广袤纵横两千余里，军队数十万，粮食储备堆积如山。凭借大王的贤明和齐国的强盛，天下诸国无出其右；然而，如今大王却有意向西侍奉秦国，我私下里真为大王感到羞耻。"

　　"韩国、魏国之所以長惧秦国，是因为它们与秦国接壤，一旦交战，胜负往往在十日之内便可见分晓。若韩、魏战胜秦国，虽胜亦损兵折将，难以保全全境；若战败，则国家危在旦夕。这便是韩、魏两国虽重视与秦国的战事，却又想要臣服于秦的原因。然而，若秦国攻打齐国，情况则大不相同。秦国需借道韩、魏，穿越卫国阳晋的险要之地，再经过齐国亢父的险塞，战车无法并行，战马难以齐驱。只需百人扼守险要之处，千人亦不敢贸然通过。即便秦国军队想要深入齐国腹地，也会顾虑重重，害怕韩、魏两国在背后偷袭。因此，秦国对齐国只能虚张声势，恐吓威胁，而不敢轻易发动进攻。

　　"秦国对齐国无可奈何，而国内却有些臣子想要向西侍奉秦国，这

无疑是策略上的重大失误。如今，齐国既无臣服秦国之名，又有国富民强之实，所以我希望大王能够深思熟虑，以便决定对策。"

齐宣王听后，说道："我虽没有才能，身处偏远且靠海的东方之地，从未有幸聆听您的高明教诲。如今您奉赵王之命前来指引我，我愿举国上下听从您的安排。"

游说楚国

苏秦在说服齐国之后，继续向西南行进，抵达楚国，对楚威王说道："楚国地域辽阔，方圆五千余里，军队多达百万，战车千辆，战马万匹，粮食储备足够支用十年之久，这些都是您建立霸业的坚实基础。楚国凭借着如此强大的实力和大王的贤明，天下诸国无出其右。然而，如果您有意向西侍奉秦国，那么天下就没有哪个诸侯国能够摆脱向秦国臣服的命运了。"

接着，苏秦为楚威王分析了当前的天下形势："秦国最大的忧患就是楚国，楚国强大，则秦国必然弱小；反之，秦国强大，则楚国就会处于弱势。从这种情势来看，两国无法同时并存于天下。如果合纵之计成功，楚国就能称王于天下；而如果连横之计得逞，秦国就会称霸于诸侯。如今，您若放弃称王称霸的伟业，而甘愿承受侍奉他人的屈辱，我私下里认为这并非明智之举。因此，最好的策略是联合诸侯，共同孤立秦国。否则，秦国一旦兵分两路，一路从武关出击，一路直下黔中，那么楚国的都邑鄢郢就将面临灭顶之灾。"

苏秦进一步提醒楚威王："秦国如同虎狼一般凶恶，有着吞并天下的野心，是天下诸侯的共同仇敌。那些主张连横的人，无非是想分割诸侯的土地来献给秦国，这简直就是供养仇敌、敬奉仇人的行径。作为臣子，他们对外倚仗强秦的势力，对内则挟持自己的国君，这种行为真是罪恶深重。所以，如果合纵之计成功，各诸侯国就会割地来侍奉楚国；而如果连横之计得逞，楚国就不得不割地来侍奉秦国。这两种策略及其结果，简直是天壤之别。希望大王能够深思熟虑。"

楚威王听后，说道："我国西边与秦国接壤，秦国一直有着夺取巴、蜀并吞汉中的野心，因此我们不能与秦国亲近；而韩国、魏国则经常遭受秦国的威胁，所以也不能与秦国深入谋划。我自己估量，楚国单独对抗秦国，未必能够取胜；而与群臣商议，他们又往往不可信赖。因此，我常常感觉饮食无味，夜不能寐，神情恍惚，无所依托。如今您打算团结诸侯，共同保护危亡之国，我非常愿意听从您的安排。"

【结果】

苏秦成功说服了各个诸侯国，促使六国达成了合纵联盟。在此基础上，苏秦被正式任命为合纵联盟的盟长，并名义上担任了六国的国相，同时佩戴着象征六国联合的六国相印。

【启示】 ||||||||||||||||||||||||||||||||||||||||||||||||

其一，结合客观实际。战国中期，秦国经过变法后实力大增，成为七雄中的佼佼者，而六国则相对衰落，彼此消耗，导致七雄并立的均势被打破。苏秦深刻洞悉了这一现实，提出了合纵策略，旨在通过六国联盟来遏制秦国的扩张，从而维持以崤山、函谷关、黄河以西为界线的东西力量均衡。

其二，精准把握对象心理。苏秦的游说策略中，一个关键点是强调秦国的威胁。他通过夸大秦国的军事和经济实力，营造出一种紧迫感，使各国诸侯意识到联合起来抗秦的必要性。这种策略精准地把握了各国

诸侯的心理，有效地推动了他们的联合。

其三，巧妙运用"利导法"。苏秦的游说言辞铺张华丽，形成了独特的"利导法"。具体来说，他首先肯定各国的优势，以增强对方的自信心；接着指出该国面临的危机，引发对方的紧迫感；然后为国君出谋划策，提出具体的解决方案；最后描绘出希望与美好前景，使对方乐于接受自己的主张。这种策略的运用，使得苏秦的游说更加具有说服力和感染力。

张仪劝说楚怀王与秦国结盟

【背景】

战国时期，经过多年的攻伐与博弈，天下格局发生了翻天覆地的变化。曾经的头号强国魏国已经逐渐衰落，而秦国经过商鞅变法后，国力大增，成为其他六国眼中的巨大威胁。苏秦凭借其高超的口才，成功游说了六国诸侯，促成了燕、赵、韩、魏、齐、楚六国共同对抗秦国的合纵联盟。合纵联军曾五次攻打秦国，一度逼近秦国东部的函谷关。然而，尽管合纵联军取得了胜利，却并未削弱秦军的实力，也未能有效遏止秦国的扩张势头。

面对秦国的强势崛起，秦国采取了范雎提出的"远交近攻"策略，与东方的齐国结成了联盟，并不断攻打周边的魏、赵、韩等小国。与此同时，东方的齐国和南方的楚国作为两大强国，有意结盟以抗衡秦国的威胁。为了打破齐楚两国的结盟计划，秦惠文王派遣张仪前往楚国，意图通过游说楚怀王，促成秦楚两国的结盟，从而离间齐楚两国的关系。

【人物】

张仪（？—公元前309年）：魏国安邑（今山西省万荣县）人，战国时期著名的政治家、外交家、纵横家。早年师从鬼谷子，曾游历楚国、赵国，但未获重用。后因提出连横之策而被秦惠文王赏识，两度出任秦国国相，多次出使六国，以连横之策游说各国，旨在破解合纵联盟。

楚怀王（？—公元前296年）：芈姓，熊氏，名槐，楚威王之子，楚顷襄王之父，战国时期楚国的国君。在位期间，他曾担任五国联盟的纵长，并亲自率军攻打秦国。

陈轸（生卒年不详）：亦作田轸，战国时期著名的纵横家、谋士。早年在秦国为官，因与张仪争宠失败而离开秦国，前往楚国为官。

【经过】

据《史记》《资治通鉴》《战国策》记载，公元前313年，秦国发兵攻打赵国，占领了蔺地（今山西柳林县孟门镇，赵国大夫蔺相如的封地），俘虏了赵国将领庄豹。此前的一年，齐宣王去世，他的儿子田地即位，秦王想举兵攻打齐国，害怕齐、楚两国之间有合纵的约定，就派张仪为使者前往楚国，游说楚王与齐国断绝邦交。

张仪说："秦国土地广阔，占有天下之半；武力强大，可与诸侯对抗；四境有险山阻隔，东边绕着黄河，西边有险要屏障，国防巩固如同铁壁铜墙；还有战士一百多万人，战车千辆，战马万匹，粮食堆积如山；法令严明，士卒赴汤蹈火，拼死战斗毫不畏惧；国君严厉而且英明，将帅足智多谋而且勇武。假如秦国一旦出兵，夺得恒山的险隘就像卷席那样轻而易举。这样就可控制诸侯要害之地，天下若要顽抗必然遭到灭亡。再说，搞合纵联盟的那些人，无异于驱赶群羊去进攻猛虎，弱羊敌不过猛虎，这是很明显的。现在大王不与猛虎友好，却与群羊为

伍，我认为大王的主意完全错了。

"如今天下的强国，不是秦国就是楚国，不是楚国就是秦国，两国的实力不相上下，互相争夺，势不两立……现在秦、楚两国接壤，本来是友好国家。大王假如能听从我的建议，断绝与齐国之间的邦交，毁弃盟约，我可以让秦太子做楚国的人质，让楚太子做秦国的人质，让秦国的女人做大王侍奉洒扫之妾，秦、楚两国互相通婚，并献出万户大邑，把商於（今河南淅川、西峡一带）地区六百里的土地献给楚国，作为大王的汤沐邑。从此秦、楚两国永结为兄弟之邦，互不侵犯，如果真是这样，我认为没有比这更有利于楚国了。所以秦王派我出使贵国，呈献国书，敬候您的决定。"

楚怀王听了高兴地说："楚国地处穷乡僻壤，靠近东海之滨。我年幼无知，不懂得国家的长远大计。现在承蒙贵宾的英明教导，我完全接受您的高见。"

楚国大臣纷纷为楚王庆贺，唯独大臣陈轸闷闷不乐。楚怀王质问陈轸："寡人没有动用一兵一卒就得到了秦国六百里土地，群臣都来庆贺，只有你闷闷不乐，这是为什么？"

陈轸不慌不忙地回答："结果不见得是这样。依臣看来，大王不仅不会得到秦国商於六百里土地，还会促成秦、齐两国结盟。到时候，楚国就会面临外患。"

楚怀王感到不解，反问道："先生这么说有什么依据吗？"

陈轸回答说："秦国不敢轻视楚国，是因为楚国有齐国作为盟国。现在假如与齐国断绝邦交，毁弃盟约，楚国就要陷入孤立的境地，秦国怎么会对一个孤立无援的国家友善，并且送给它六百里商於之地呢！张仪回到秦国，肯定会背弃与您的约定。到时候，楚国北面与齐国断绝邦

交，西面又新秦国结怨，齐秦两国的军队肯定会联合起来进攻楚国。我
为大王考虑，不如只是表面上与齐国断交，暗中依旧合作，派人和张仪
一起回去，假如真把土地割让给楚国，再与齐国断交也为时不晚！"

楚怀王没有采纳谏言，对陈轸说："还请先生不要再说了，你就看
着寡人接受秦国的六百里土地吧！"

楚怀王授给张仪楚国令伊的大印，并给他赏赐了丰厚的财物。随之
关闭关口，派遣使者前往齐国断绝邦交关系，毁弃盟约，并派遣一名将
军和张仪一起回到秦国，准备接受六百里土地。

张仪回到秦国，假装从车上跌落，三个月没有上朝。楚怀王听说了
这件事，不免疑惑："难道张仪认为我与齐国断交不够彻底？"于是让
武士宋遗借用宋国的兵符，到北方边境大骂齐王。齐王得知后非常恼
怒，不惜降低身份讨好秦匡，齐、秦两国随即和睦。

等到齐秦两国结盟后，张仪开始上朝了，他见到楚国使者问道：
"你怎么不去接受土地？从某地到某地，有六里之广。我有秦国六里的
封地，愿意献给楚王！"楚国使者连忙说："我们受楚王命令，是来秦
国接受秦国商於六百里土地，从来没有听说是六里！"楚国使者回国向
楚怀王报告。

得知张仪说割让六里之地给楚国，楚怀王勃然大怒，想要发兵进
攻秦国。大臣陈轸劝阻说："攻打秦国还不如给秦国一座大的城邑，这
样可以与秦国联合起来进攻齐国。我们在秦国损失的土地，在齐国手中
可以得到补偿。现在您和齐国已经断绝外交关系，再去责问秦国为什么
欺骗楚国，这样会使齐、秦两国联合，招致天下的进攻，楚国必然会遭
到重创。"楚怀王听不进陈轸的建议，下令发兵进攻秦国，秦国也起兵
迎战。

【结果】

次年春季，楚军与秦军在丹阳交战，结果楚军大败。不甘失败的楚怀王再次发兵攻打秦国，两军在蓝田地区展开激战，然而楚军再次遭遇溃败。与此同时，韩国和魏国趁楚国局势危急之际，趁机向南侵袭楚国，并占领了楚国的一部分领土。得知这一消息后，楚国将领不得不率军撤回国内。最终，楚国为了求和，割让了两座城池给秦国，秦楚两国之间的战事才暂时告一段落。

【启示】

尽管张仪出使楚国时使用了欺诈手段，但从游说使者的角度来看，他确实达到了拆散齐楚联盟的目的。历史上，楚怀王并非昏庸之君，那么他为何会被张仪欺骗呢？原因就在于他陷入了张仪精心设计的游说圈套之中。张仪足智多谋，精通连横之术，他在游说过程中主要采用了以下三种手法：

一是自我吹嘘。他大肆夸大秦国的实力，描绘其地势险要、国防巩固、兵多将广、粮草充足、将帅智勇双全，并声称攻克劲敌易如反掌。虽然这些多是纸上谈兵，但足以让楚怀王心生敬畏和恐惧。

二是贬低论敌。张仪深刻剖析了合纵策略的致命弱点，即弱国联合进攻强国，无异于以卵击石，只会让弱国更加衰弱。这一观点使合纵战略在楚怀王心中变得站不住脚，引发了他的疑惑。

三是假意诱惑。张仪以割让土地的承诺为诱饵，精准捕捉并满足了楚怀王想要扩大楚国版图的心理需求，使其放松了警惕，最终与齐国断交。

毛遂劝说楚王结盟抗秦

【背景】

《史记》记载，战国时期，秦国大举出兵攻打赵国，并包围了赵国的都城邯郸，赵国形势危急。公元前258年，正值秦赵两军邯郸之战的第二年，赵孝成王派遣平原君赵胜出使楚国，旨在联合诸侯国共同对抗秦国。

平原君打算从自己门下的食客中挑选出文武兼备的二十人随行。经过一番精心挑选，他选出了十九人。此时，一名叫毛遂的门客主动向平原君自荐："如今尚缺一人，我请求加入出使楚国的行列。"平原君问："你在我门下多久了？"毛遂答道："三年了。"平原君闻言，略带不满地说："一个真正有才能的人，就如同放在布袋中的锥子，其锋芒会立刻显露出来。而你在我门下已三年，我从未听闻你有什么出色的表现，你还是留下吧。"毛遂听后，不卑不亢地回应："我今日自荐，正是希望您能将我放入那布袋之中。若早有这样的机会，我不仅会露出锥尖，更会充分展现我的才能，锋芒毕露！"平原君觉得毛遂言之有理，便答应让他一同前往。

【人物】

毛遂（生卒年不详）：战国时赵国人。平原君赵生的门下食客，自荐随平原君前往楚国，与楚王定约立功。

平原君：赵胜（？—公元前251年），战国赵武灵王的儿子。因

受封于平原，故称为平原君。战国当时有名的四公子之一，亦为赵之名相。

楚考烈王：熊完（公元前290—公元前238年），芈姓，熊氏，名完。公元前262年至公元前238年在位，担任楚王25年，是楚国第39位君王。

【经过】

平原君赵胜与随从抵达楚国后，面见楚王熊完，就出兵救援赵国的事宜进行谈判，但双方尚未达成合约。此时，毛遂手持宝剑步入宫殿，楚国侍卫急忙上前阻拦，楚王则挥手示意侍卫退下。

平原君见毛遂走进来，诧异地问道："毛遂，你来此有何事？"

毛遂回答道："公子，您与楚王商讨合纵之事，无非是为了权衡利弊。三言两语间便能明了。然而，从清晨谈至中午，仍未做出决断，这是为何呢？"

楚王熊完不悦地说："本王正与你家主人商议国政大事，你来此搅局，意欲何为？"

毛遂不顾楚王的不悦，走上前去。楚国侍卫再次大喊："站住！"楚王则再次挥手示意侍卫退下。

毛遂接着说道："楚王之所以敢呵斥我，不过是仗着楚国人多势众。但如今我与大王相距不过三步之遥，在这三步之内，即便贵国人多势众，又能奈我何？而大王的性命，却已掌握在我的手中。我家主人就在眼前，您当着我家公子的面呵斥我，岂不是也对我家公子无礼？况且，据我所知，商汤曾凭借方圆七十里的土地便统治了天下，周文王更是以百里之地使天下诸侯臣服。他们之所以能做到这一点，并非因为兵多将广，而是因为他们善于审时度势、发奋自强，充分利用自己的优势。如今贵国疆域辽阔、将士众多，完全有争王称霸的实力。然而，秦国武安君白起，不过是个出身卑微的工匠，他率领数万秦军与贵国交战，第一战便攻克了鄢城与郢都，第二战烧毁了夷陵，第三战更是让楚王先祖蒙受奇耻大辱。这是贵国百世难解的冤仇，连我国赵王都为之感到羞耻。可是，楚王您却似乎并未感到羞愧啊！合纵盟约是为了贵国的利益，而非赵国。敢问楚王，我家公子就在眼前，您为何如此呵斥我呢？"

楚王熊完听后，深感震撼，说道："先生所言，如雷贯耳。本王愿倾国之力与贵国合纵，订立盟约，共同进攻秦国。"

毛遂见状，说道："楚王心意已决。"

楚王熊完表示："愿与先生歃血为盟。"

毛遂则提出："楚王应先歃血以表订立合纵盟约的诚意，然后是我家主人，最后是我毛遂。"

毛遂说完，便跪着给楚王献上了酒。楚王起身走到案前，接过酒杯一饮而尽。随后，楚国与赵国正式订立了盟约。

【结果】

楚王派遣令尹（古代楚国的官衔）黄歇率领十万楚军前往邯郸，紧急支援赵国。与此同时，平原君赵胜恳请信陵君魏无忌出面，说服魏安釐王出兵救援赵国。信陵君魏无忌不惜窃取兵符，毅然率领魏军前往救援赵国。最终，楚、魏联军在邯郸会师，击败了秦军，解除了邯郸之围，使赵国得以转危为安。

【启示】 ||||||||||||||||||||||||||||||||||||||||||||||||||||||||||||||||||

史学界存在一种观点，认为在平原君赵胜出使楚国之前，他就曾对随从们明确表示，此行必须带着合纵的成果归来。他期望能够以不卑不亢的态度提出谈判条件，与楚国商定盟约。若这种方式无法奏效，则采取更为激烈的手段，即"激将法"，来逼迫楚王同意合纵。无论是平原君与随从事先的预谋，还是毛遂在谈判现场的即兴发挥，最终赵国都成功地与楚国达成了合纵抗秦的盟约。

这种游说手段，即"激将法"，其精髓在于利用对方的自尊心和逆反心理，通过言语上的"刺激"，激起对方的不服输情绪，从而激发出对方的潜能，达到预期的说服效果。然而，使用"激将法"必须建立在全面了解对方的基础上，包括对方的地位、志向、抱负、性格、过往经历，以及所处的环境等因素。同时，在言语上也要掌握分寸，既要能够触动对方，又不能过于冒犯，以免适得其反。

江乙为安陵君献计

【背景】

战国时期，诸侯纷争不断。当时，楚国宫廷暗流涌动。安陵君虽是楚王的宠臣，但也深知君王恩宠如朝露易逝，心中惴惴不安。江乙作为谋士，他敏锐地察觉到安陵君的忧虑，以肺腑之言，助其认清局势、稳固地位。

【人物】

江乙：战国时期魏国人。楚宣王时出任谋士。

安陵君：战国时，楚王的宠臣。

【经过】

许久以来，安陵君是楚王的宠臣。一日，江乙来到安陵君府邸，落座后说："您对楚国没有丝毫功劳，也没有骨肉至亲可以依靠，却身居高位，享受厚禄，民众见到您，整理好衣帽，毕恭毕敬地向你行礼，这是为什么呢？"

安陵君听了，问道："先生何出此言？还望赐教。"

江乙说："用金钱与别人结交，金钱用完了，交情也就断绝了；用美色与别人交往，美色衰退了，爱情也就改变了。所以，以往爱姜床上的席子还没有破，就被遗弃了；宠臣的马车还没有坏，就被罢黜了；您如

今独揽楚国权势，并未与楚王有什么深交，我为您感到担忧。"

安陵君问："那该怎么办呢？"

江乙答："希望您向楚王请求为他殉葬，这样，您在楚国必能长期受到尊重。"

安陵君说："谨遵您的教导。"

三年之后，江乙又拜见安陵君，说："到现在为止，您也没有按我说的办。您既然不采纳我的办法，我从此不再见您了。"

安陵君解释说："我不敢忘记先生的教导，只因没有遇到合适的机会！"

不久，楚王外出游猎。在猎场，忽然，一头犀牛发狂，朝着车轮冲撞过来，楚王拉弓搭箭，一箭射死了这头犀牛。楚王随手拔起一根旗杆，插在犀牛头上，仰天大笑，说："今天游览很是令我开心！百年之后，又和谁能和我一起享受这种快乐呢？"

安陵君泪流满面，上前对楚王说："我在宫内和大王挨席而坐，出外和大王同车而乘，大王百年之后，我愿随从而死，在黄泉之下也做大王的席垫，以免蝼蚁来侵扰您，有什么比这更快乐的呢？"

楚王听了，甚为高兴，正式封他为安陵君。

【结果】

江乙深知人情冷暖和世态炎凉，他在安陵君得宠时，为他谋划如何继续得到楚王信任，从而稳固了安陵君的地位。

【启示】 ||||||||||||||||||||||||||||||||||||||||||||||||||||||||||||

江乙为安陵君献计，取得了楚王的信任。安陵君知道，语言的最佳效用取决于语言环境，他选择了最佳时机，自然而然，水到渠成。可见，说话要选择时机，也就是把话说到点子上。同时要把握分寸，也就是不多说也不少说。

第五章　巧妙的对垒

庄子与惠子的濠梁之辩

【背景】

濠梁之辩，源自《庄子·秋水》篇，记载的是战国时期著名哲学家庄子与惠子在濠水（今安徽凤阳一带）之畔展开的一场精彩辩论。辩论的核心议题聚焦于河中的鱼儿是否快乐，以及双方如何能够知晓鱼儿是否真的快乐。

【人物】

庄子（约公元前369—公元前286年），名周，字子休，战国中期宋国人。著名的思想家、哲学家、文学家，又是道家学派代表人物，与老子并称"老庄"。曾在蒙地（今河南商丘）担任漆园吏，后辞去漆园吏职，到南方诸国游历。学识渊博，见解独到，文章的想象丰富。其作品收录于《庄子》，代表作有《逍遥游》《齐物论》。

惠子（约公元前370—约公元前310年）：惠氏，名施，战国中期宋国人。著名的政治家、思想家、哲学家，名家学派的开山鼻祖和主要代表人物。曾任魏国国相，是战国时期六国合纵抗秦的主要组织者和支持者。

【经过】

庄子和惠子是同乡好友。惠子喜欢在树底下高谈阔论，或到田野上散步。他们之间的辩论是在他们散步时引起的。

有一天，庄子和惠子在濠水一座桥上散步。

庄子看着桥下濠水里的鱼儿说："鱼儿在水里悠然自得，这是鱼儿的快乐啊！"

惠子问："你不是鱼儿，怎么知道鱼儿的快乐呢？"

庄子反问："你不是我，怎么知道我不知道鱼儿的快乐呢？"

惠子说："我不是你，固然不知道你；你不是鱼儿，你不知道鱼儿的快乐，也是完全可以断定的。"

庄子听后，悠然一笑，巧妙地回到了话题的起点："那么，请让我们回到最初的问题。你问我'怎么知道鱼儿的快乐呢'这句话本身就意味着你已经预设了我知道鱼儿的快乐，只是在向我求证啊；而我，正是在这濠水河畔，从鱼儿的游弋中，感受到了它们的快乐。"

【结果】

由于庄子和惠子看问题的思路和角度不同，他们发表了自己的见解与观点。这一争辩没有谁对谁错，最终也没有谁赢谁输。

【启示】 ||||||||||||||||||||||||||||||||||||||||||||||||||||

从客观性和逻辑性的角度来看，惠子的观点确实有其合理之处，因为人与鱼分属不同的物种，人类确实难以直接知晓鱼类的心理活动。然而，从审美体验的角度来看，庄子的观点亦有其独到之处，因为人类确实可以通过观察动物的动作和表情，结合自身的体验，来推测鱼儿处于痛苦还是快乐的状态。在这场争辩中，庄子巧妙地运用了"偷换概念"的论证策略，机智地应对了惠子的质疑。

"濠梁之辩"带给我们的启示是，每个人的思想和观点都是独特

的，由于文化素养和认知能力的差异，对同一个问题往往会产生不同的见解和看法。因此，我们不应以自己的想法去猜度或评判他人，更不应将自己的思想和观点强加于人。相反，我们应该以豁达与包容的态度，去尊重并接纳他人的见解和看法。只有具备包容的心态，我们才能欣然接受他人的反驳。这样不仅能为我们的生活增添乐趣，还能提升我们与他人合作的高度和深度。

程颢与程颐争论孝道

【背景】

程颢和程颐是北宋著名的理学家，他们的主要贡献在于理学思想的阐述和传播，而非具体的争辩事件。史书中尽管没有程颢与程颐直接争辩孝道的记录，但从他们的思想和著作中能窥见出他们对孝道的看法和态度。

【人物】

程颢（公元1032—公元1085年）：字伯淳，号明道，世称"明道先生"，河南府洛阳（今河南洛阳）人。他是北宋时期的著名理学家、教育家，被视为理学的奠基者之一，同时也是"洛学"的重要代表人物。程颢曾任县主簿、监察御史、镇宁军节度判官等职。他的代表作有《识仁篇》《定性书》等，这些作品对后世理学思想的发展产生了深远的影响。

程颐（公元1033—公元1107年）：字正叔，原居中山（今河北定州一带），后迁徙至洛阳，世称"伊川先生"。他也是北宋时期的著名理学家、教育家。程颐曾任汝州团练推官、西京国子监教授、秘书省校书郎等职。他的著作有《周易程氏传》《遗书》等，这些作品在理学史上具有重要的地位。程颐与其兄程颢共同创立了"洛学"，为理学的发展奠定了坚实的基础。

【经过】

程颢和程颐都高度重视孝道，尽管他们在具体观点上有差异。

程颢认为，孝敬父母是为人处世的基本道德准则。他强调每个人都应当深刻理解并践行孝道，因为尽孝是人在社会中立足的首要条件。程颢通过实际行动表达了自己对孝道的理解，例如在担任晋城令期间，他处理了一起忤逆不孝的案件。通过深入细致的调查和公正的判决，他不仅维护了法律的尊严，也彰显了孝道在社会中的重要地位。

程颐则进一步阐述了孝敬父母与道德修养之间的紧密联系。他认为，孝敬父母需要用至诚之心去对待，否则就会伤害到父母的情感。程颐在其著作中多次提到，孝敬父母不仅是家庭伦理的要求，更是个人品德修养的基础。他主张在尽孝的同时，也要兼顾治国理政，追求道德与政治的统一，从而实现个人与社会的和谐共生。

【结果】

程颢和程颐都极为重视孝道，他们的观点在当时社会引起了广泛的关注和讨论。尽管两人在孝道的具体理解和实践上有所不同，但他们的思想都对后世产生了深远的影响；然而，就历史发展而言，程颐关于孝道与个人修养、治国理政相结合的主张，在后来更为广泛地被接受和传播，逐渐成为主流思想。

【启示】||||||||||||||||||||||||||||||||||||||||||||||||||||||||||||

孝道是中国传统文化的重要组成部分，也是中国传统美德形成的基础。程颢和程颐都极为重视孝道，他们强调以儒家伦理为孝道的基本内容；然而，无论个人如何进行自我修养，都难以完全摆脱封建社会的伦理道德范畴的影响。因此，在传承和发扬孝道这一传统美德时，我们应当取其精华，弃其糟粕，以符合现代社会的价值观和发展需求。

朱权与钱谦益争辩科举经义

【背景】

明朝时期，科举制度是国家选拔人才的重要途径，经义是科举考试中的重要内容。

朱权作为明朝宗室，倾向于维护科举制度的传统和经义的权威性，认为科举应该注重经义的学习和理解，以传承儒家经典和道德观念。

钱谦益出身书香世家，是一位具有革新思想的学者和文人，持有更为开放和务实的观点，主张科举考试应注重实际，批判过于拘泥经义的观点。

朱权与钱谦益争辩科举经义的原因，主要源于两人对科举制度和经义理解的不同观点。

【人物】

朱权（公元 1378—公元 1448 年），明太祖朱元璋第十七子，曾获封于大宁（今内蒙古宁城），封号宁王。被朱棣挟持参与"靖难"，改封于南昌，此后深感前途无望，转而成为道教学者，撰有《天皇至道太清玉册》等。

钱谦益（公元 1582—公元 1664 年），字受之，号牧斋，苏州府常熟（今江苏常熟）人。明末清初文学家、史学家。进士出身，曾任翰林院编修、礼部右侍郎等职，著有《初学集》《有学集》《投笔集》等。

【经过】

明代士人重视科举，经义作为科举考试的重要内容，其理解和解释方式对于士人的科举前途至关重要。

朱权认为，科举应该注重经义，强调对经书的学习和理解。通过深入研读经书，士人可以掌握儒家思想的精髓，从而培养出高尚的品德和治国理政的能力。朱权还强调学问应该注重内在的道德修养和智慧，而不是仅仅为了应付考试。科举制度使学子们过于注重功名利禄，注重应试技巧，忽视了学问的真正价值，忽视了自身的道德修养和智慧提升。

钱谦益认为，依靠经义的学习和理解，并不能全面反映一个人的才能和素质。科举考试应该注重考察士人的实际能力和对现实问题的处理能力，而不是停留在对经书的背诵和理解上。主张科举制度与时俱进，适应时代发展的需要，培养出更多具有实际才能和创新能力的人才。科举经义考试，以程朱理学为定准，使学子们只关注经典文字的解释，忽视了经典的实际意义和应用，这种做法导致学子在学问上荒疏，不利于朝廷选拔真正的治国人才。

舌战

【结果】

朱权和钱谦益在科举经义问题产生了分歧和争辩，反映了两人对科举制度和经义理解的不同观点，钱谦益的观点在争辩中获得了广泛认同。

【启示】

北宋时，程颢与程颐为理学的主要奠基者。程颢认为现行社会秩序由天理所定，遵循即合天理，否则逆天理。由于人的气质禀性不同，人性有善有恶。浊气和恶性都是人欲，人欲蒙蔽了本心，便会损害天理，提出"存天理、灭人欲"。南宋时，朱熹与"二程"学说合称为"程朱理学"。当时的学子读书只为科举，科举只为当官，当官又只为利禄。

明朝时，程朱理学作为科举考试的唯一定准，学子们为了应付科举考试，只背诵经书和程朱理学，并未深入研读其他著述，造成学问上的荒疏，不利于朝廷选拔人才。学风不正影响士风，当官只是谋一己之利，而不是为老百姓谋福利。士风不正，进而影响社会风气。明朝中后期，为官者开始反思科举制度，朱权和钱谦益对科举经义的争辩，体现了士人对科举的关注和思考。这件事给我们的启示是争辩可以促成共识，选拔人才不能死搬教条。

朱熹和陆九渊的鹅湖之辩

【背景】

　　武夷山脉北麓的江西铅山县境内，有一处名为"鹅湖"的地方。唐代时，大义禅师在此地修建了一座峰顶禅寺，并在他的主持下，该寺声名远扬，成为江南禅宗的一个重要道场。到了南宋时期，众多学术界的贤达之士纷纷汇聚于此，进行哲学辩论。从此，"鹅湖"便成为贤士们进行思想交流与论辩的重要圣地。

　　南宋淳熙二年（公元1175年），理学大师朱熹与好友吕祖谦在途经鹅湖时，曾合编了一本儒生必读教材《近思录》。吕祖谦出身于官宦世家，同时也是当时著名的理学家，且年岁长于朱熹。在朱熹送吕祖谦归家的途中，吕祖谦提议由他出面邀请另一位道学名家陆九渊前来鹅湖进行聚会辩论。朱熹与陆九渊在北宋诸子所开辟的道学基础上，分别发展出了两支截然不同的传统——理学与心学。到了南宋时期，这两派已经形成了鲜明的对立，并在许多问题上存在激烈的争论。吕祖谦的初衷是希望能够调和朱熹与陆九渊之间的分歧，从而使南宋道学的理论体系重新归于统一，促进学术团体内部的和谐。

　　朱熹欣然接受了吕祖谦的提议。随后，吕祖谦立即派人向陆九渊送去邀请函。朱熹与吕祖谦二人住在鹅湖寺中，静候陆九渊的到来。陆九渊在接到邀请函后，也欣然接受并立即启程前往。陆九渊的老家位于江

西抚州金溪县。一个月后，即淳熙二年六月，陆九渊与自己的五兄、同为知名学者的陆九龄一同出现在了鹅湖。

【人物】

朱熹（公元 1130—公元 1200 年）：字元晦，号晦庵。祖籍徽州府婺源县（今江西婺源），父辈迁居福建，生于南剑州尤溪（今福建尤溪）。南宋理学家，曾在朝中为官。其思想体系与"二程"学说合称"程朱理学"，对元、明、清三个朝代影响较大。著有《四书章句集注》为科举考试的标准。

陆九渊（公元 1139—公元 1193 年）：字子静，抚州金溪人，南宋理学家，儒家心学奠基人，陆王学派的开创者。封建世家出身，进士入仕，曾任太学国子正、监丞等职。曾结茅讲学于象山（今江西贵溪），学者称象山先生。其学术思想为明朝王守仁所继承发展，成为陆王学派。著有《象山先生全集》。

陆九龄（公元 1132—公元 1180 年）：字子寿，抚州金溪人，南宋理学家，儒家心学开创者之一。他系陆九渊五哥，陆九渊、陆九龄被称为"二陆"或"陆氏兄弟"。在学问方面逊于其弟，故而提起陆氏兄弟，主角当为陆九渊。

吕祖谦（公元 1137—公元 1181 年）：字伯恭，婺州（今浙江金华）人。南宋理学家、文学家。进士及第，曾任直秘阁学士，博学多识，主张明理躬行，学以致用。

【经过】

在南宋理学家中，朱熹可以说是大名鼎鼎，陆九渊也颇为有名。二人在治学目标上基本一致，但思想方法和认识途径却大不相同。从哲学观点上讲，朱、陆是南宋唯心主义理学内部的两个不同学派的代表人物。由于观点不同，他们多次通过书信进行学术争辩。著名学者吕祖谦发起，邀请朱熹和陆九渊、陆九龄兄弟等人在鹅湖寺集会，辩论的中心议题之一是"为学之方"或"教人之法"，即应当如何正确地学习精进，这个问题涉及理学与心学两个不同哲学体系在认识论上的根本分歧。

淳熙二年六月三日，鹅湖寺寺院法堂气氛严肃，朱熹、吕祖谦、陆九龄、陆九渊依次端坐在讲台上。吕祖谦先声明此会的目的，为了调和朱、陆两派的观点分歧，归于融合统一。

辩论开始，吕祖谦就主题询问陆氏兄弟有何新功，陆九龄立即反问可否以诗作答。吕祖谦点头同意。陆九龄朗诵在路上吟成的诗作答。陆九龄吟诵完毕，朱熹马上做出回应，坦言不赞同诗中观点，强调问学而致知，也就是通过阅读先贤经典，探求"天理"。朱熹高谈雄辩，陆九渊却不以为然。待朱熹呷茶停顿之际，陆九渊插话道："陆某在途中和得家兄此诗，今日诵出，请元晦先生指教。"诗文如下：

墟墓兴衰宗庙钦，斯人千古不磨心。

涓流积至沧溟水，拳石崇成泰华岑。

易简工夫终久大，支离事业竟浮沉。

欲知自下升高处，真伪先须辨古今。

陆九渊的诗作，不仅张扬其"心学"，而且讥讽朱熹的理学鼓励人博览群书，却没有建立自己内心的志向，是支离破碎的事业。

朱熹听了"二陆"的诗作，心里颇为不悦，他慢条斯理地阐明自己的

观点："教人之法，应先致知而后存心。理与心是两码事，理生万物，心具众理。万理已具，并非万理已知，欲知理、得理，必先格物穷理。"

不等朱熹展开阐述，陆九渊反驳说："陆某以为，应先存心而另简自高。理与心是一回事，要以心统摄，离事自悟。"

朱熹接过话题，继续辨析道："理与心虽可以贯通，但不是一回事。理虽具于心，还得教使知；况且人多是气质偏了，又为物欲所蔽，故昏而不能尽知。是故，应多读书格物……"

陆九渊不以为然，反驳道："理在我心，我心即理，我心即宇宙，良知与良心人所固有，只须发明本心，不必向外用功。一味讲学读书，不免烦琐复杂，甚至徒劳无功。读书并非成为圣贤必然之道，尧舜时期，没有什么书籍，二者不照样成为圣明之君？"陆氏兄弟交替反驳，他们认为没必要多读书外求，重要的是认识自己的本心，先立志，然后

"六经皆我注脚"。

朱熹脸色铁青，忍无可忍，厉声指斥道："你这是掩耳盗铃，自欺欺人，分明与佛家禅学一样。所谓易简功夫，不过投机取巧、虚妄空洞而已。"他指出"二陆"观点的幼稚可笑，甚至直接抨击他们"自信太过，规模窄狭"，他们的学问将会流于非主流，还不自知。

陆九渊淡然一笑，反唇相讥："你那是盲人摸象，支离破碎，一叶障目。"

为了缓和紧张气氛，吕祖谦叫停辩论，进入中场休息。休息过后，继续辩论，双方各抒己见，畅所欲言。

双方学识渊博，观点鲜明，论据雄辩，妙语如珠，这样进行了三天，双方各持己见，互不相让。辩论会进行三天，三人都说得口干舌燥，直到结束也没有达成共识，谁也说服不了谁，最终不欢而散。

【结果】

鹅湖之会是宋代两大学派理学和心学的一次思想交锋。这次辩论明晰了理学和心学两大派别的基本观念，使理学和心学的分歧更加明确，成为宋明新儒学思潮从朱子学到阳明心学转向的一个预告，也为后来的学术争论奠定了基础。双方虽然都未能完全说服对方，但这场辩论吸引了众多学者和官员的关注，对南宋新儒学的发展产生了深远影响。

【启示】 ||||||||||||||||||||||||||||||||||||||||||||||||||||||||

据当时在场的陆九渊门徒朱亨道记载，在"鹅湖之会"上，陆氏兄弟似乎稍占上风。恐怕并非因为陆九渊的道理和逻辑更让人折服，而是因为在辩论读书学习究竟是不是成为"君子"的必经阶段时，陆九渊抛

出命题："尧舜之前何书可读？"令知识广博、思想缜密的朱熹竟一时语塞。据说，陆九龄怕场面尴尬，曾私下劝其弟不要拿这个难题向年长的朱熹发问。陆九渊还是没能忍住，毕竟那年他才36岁，正是血气方刚的年纪。这一趣闻说明，阐述某一观点时举例反问，在辩论中有时会使对方无言以对。或许正因为陆九渊在"鹅湖之会"首尾的两次"冒犯"，这场盛会的发起者和主持人吕祖谦曾评论朱、陆二人的表现："元晦（朱熹）英迈刚明，而功夫就实入细，殊未可量。子静（陆九渊）亦坚实有力，但欠开阔。"

　　鹅湖之辩成为中国思想史上的一次重要事件。鹅湖之会五年之后，陆九渊来到白鹿洞书院拜访朱熹，请为其兄陆九龄撰写墓志铭，二人十分友善，并且表现出互相仰慕之情。朱熹接受了陆九渊的请求，同时邀请他为书院师生讲学，陆九渊也欣然同意，他的题目是讲解《论语》"君子喻于义，小人喻于利"，这堂课获得了轰动性的成功。这件事说明朱、陆的观点虽有分歧，但他们在学术交往和待人处事的态度上，都具有宽豁大度的君子之风。

第六章　机智的应对

晏婴出使楚国不辱使命

【背景】

春秋时期，周王的势力减弱，诸侯群雄纷争，谋求霸主地位，首先建立霸业的是齐国君主齐桓公。

公元前547年，齐国国君齐景公即位。此时齐国已经失去霸主地位，北方的晋国和南方的楚国开始崛起，这两个国家国力雄厚，在诸侯国中威望很高，出现了两国争霸的格局。齐景公梦想恢复齐桓公的霸业，于是访问晋国时态度狂妄，从而引起晋国六卿的不满，晋国随后发兵，对齐国实施震慑性攻击，晋军几乎兵临齐国城下。齐景公虽然暂时臣服，但心有不甘，他意识到单凭齐国的力量已无法与晋国抗衡，就将目光转向南方的楚国，决意与晋国的对手修好，共同对抗晋国。在这种背景下，齐景公派遣上大夫晏婴出访楚国。

【人物】

晏婴（？—公元前500年），姬姓（一说子姓），晏氏，字仲，史称"晏子"，夷维（今山东高密）人，春秋时期齐国上大夫晏弱之子，承袭继任上大夫，历任齐灵公、庄公、景公三朝，辅政五十余年。

楚灵王（？—公元前529年），芈姓，熊氏，初名围，楚共王的次子，楚康王的二弟，春秋时期楚国国君。

【经过】

（一）

齐景公十七年（公元前531年），晏婴出使楚国。

楚灵王知道晏婴身材矮小，为了让他出丑，让人在宫殿大门旁边开了一个小门，让晏婴从此小门进入。晏婴停下脚步，说："出使狗国的人才会从狗洞进入，我今天来到楚国，不该从狗洞进入。"迎接宾客的侍从无言以对，只好带着晏婴从大门入内。晏婴走进宫内，拜见了楚灵王。

楚灵王问："齐国没人可派吗？竟然派您作使臣。"

晏婴回答："齐国都城临淄有七千多户人家，展开衣袖可以遮天蔽日，挥洒汗水就像天下雨一样，人挨着人，肩并着肩，脚尖碰着脚跟，怎么能说齐国没有人呢？"

楚灵王又问:"既然这样,为什么派您来作使臣呢?"

晏婴回答:"齐国派遣使臣,各有各的出使对象,贤明的使者被派遣出使贤明的君主,没有德才的使者被派遣出使无德无才的君主,我是无德又无能的人,所以只得出使楚国。"

(二)

楚灵王得知晏婴将要出使楚国,便对身边的大臣说:"晏婴善于言辞,他将要来到楚国,我想羞辱他,有什么办法?"

侍从回答:"大王,请让人假扮公差,在您和晏婴交谈时,绑个人从您面前走过。大王问,'这是哪国人?'押解者回答,'齐国人。'大王追问,'他犯了何罪?'押解者答,'偷窃罪。'"

晏婴到达楚国,楚灵王请他饮酒,正喝得高兴的时候,两名公差绑着一个犯人走到楚灵王面前。

楚灵王问:"被绑者是哪国人?"

公差回答:"他是齐国人,犯了偷窃罪。"

楚灵王瞟了晏婴一眼,问道:"齐国人原本善于偷窃吗?"

晏婴离开座位反问道:"我听说过这样的事:橘树生长在淮河以南就是橘树,生长在淮河以北就变成枳树。这两种树叶子形状相像,果实味道却不同。这是什么原因呢?因为水土不同。老百姓生活在齐国不偷窃,到了楚国就偷窃,莫非楚国的水土使得老百姓善于偷窃?"

楚灵王笑着说:"圣人是不能同他开玩笑的,我反而自讨没趣了。"

【结果】

晏婴作为齐国使者出访楚国时,楚灵王在位执政。他狂妄自大,打算羞辱齐国使节。然而，晏婴机智善辩，有礼有节，化解了楚灵王的刁难，维护了国格，也维护了自己的个人尊严。楚灵王因此感到惭愧，礼送晏婴回齐国。

【启示】||||||||||||||||||||||||||||||||||||||||||||

春秋时期，诸侯争霸，谋士能臣游走于各国之间，凭借口才和智慧，各为其主。"晏子使楚"故事展现了晏婴出色的外交才能，其中有两点启示：

其一，机智应变。与对手交谈，要机智灵活，寓刚于柔，巧妙作答，轻松化解对方出的难题。

其二，有理有节。与对手交涉，可以指出对方逻辑矛盾或不当言辞，要掌握分寸，点到为止，既能让对方明白，又不使对方难堪。

蔺相如渑池会机智护主

【背景】

战国时期，秦国经过"商鞅变法"后，国力大增，成为战国七雄中实力最强的国家，并伺机向东扩张。赵国则是秦国东进道路上的最大阻碍，因此秦国派遣大将白起率领军队攻打赵国，成功夺取了赵国的几座城池。尽管赵国处于劣势，但赵军英勇抵抗，成功遏制了秦军的攻势，双方陷入僵持状态。为了腾出力量攻打楚国，秦国希望先与赵国和解。

公元前 279 年，秦国秦昭王派遣使者前往赵国，邀请赵惠文王在西

河外的渑池（今河南渑池县境内）会面，以增进两国友好关系。渑池当时属于韩国的领土，位于韩国与秦国的边境地区，距离秦国较近而离赵国较远。在此之前，楚国国君曾被秦国扣留，因此赵惠文王对此次会面心存疑虑，担心自己也会被秦国扣押。赵国大将军廉颇和上大夫蔺相如认为，如果赵王不去会面，将会显得赵国既软弱又胆怯。最终，赵王采纳了他们的建议，并决定由蔺相如陪同前往渑池与秦王会面。

【人物】

蔺相如（生卒年不详）：战国时期赵国上卿，外交家。

秦昭王（公元前325—公元前251年）：嬴稷，嬴姓，赵氏，名则，一名稷。战国时秦国国君，又称秦昭襄王，秦惠文王之子。

【经过】

司马迁在《史记》中详细记载了"渑池会盟"的经过。

大将军廉颇将赵惠文王护送到边境，临别时与赵王诀别说："大王此行，根据路程和会见礼仪的推算，再加上返回的时间，预计不会超过三十天。如果三十天后大王还未归来，请您允许我们立太子为王，以断绝秦国对赵国的非分之想。"赵惠文王表示了同意。

赵惠文王到达渑池后，与秦昭王见了面。双方行礼之后，便在宴席上开始叙谈。当秦昭王饮酒至兴头时，他说："我听说赵王喜好音乐，擅长弹瑟，请您弹奏一曲让我们欣赏一下吧！"赵惠文王不敢推辞，于是弹奏了一曲。秦国的史官随即上前记录道："某年某月某日，秦王与赵王一同饮酒，赵王为秦王弹奏了瑟。"

蔺相如认为这是对赵国的侮辱，于是走上前说："赵王私下里听说秦王擅长演奏秦地的土乐，请允许我为您捧上瓦缶，以便我们互相娱乐。"

秦昭王听后发怒，不肯答应。蔺相如便走上前递上瓦缶，并跪下请求秦昭王演奏。秦昭王仍然不肯击缶。蔺相如说："如果大王不答应我的请求，在这五步之内，我即使拼了性命也要让血溅到大王身上！"

秦昭王的侍卫见状，纷纷拔刀相向。蔺相如圆睁双眼，大喝一声，侍卫们吓得连连倒退。秦昭王虽然不高兴，但最终还是勉强敲了一下缶。蔺相如随即回头招呼赵国的史官把这件事记下来，写道："某年某月某日，秦王为赵王击缶。"

秦国的大臣们见秦王没有占到便宜，便说："今天两国相会实属不易，请赵王献出十五座城池作为献给秦王的礼物！"

蔺相如不甘示弱，回应道："那请秦王也献出都城咸阳作为献给赵王的礼物！"

直到宴席结束，秦国始终未能压倒赵国。赵国大将廉颇率领军队驻扎在边境，使得秦国不敢贸然发动战争。

【结果】

经过艰苦的谈判，秦赵两国最终达成了和谈协议，双方各自收兵，暂时停止了战争。为了表示诚意和和平的决心，双方共同进行了盟誓仪式，并捧土成丘掩埋了兵器和盟书，象征着战争的结束与和平的到来。

【启示】 ||||||||||||||||||||||||||||||||||||||||||||||||

渑池会盟是秦、赵两国在政治外交领域进行的一场重要较量。在这场会盟中，蔺相如与秦国君臣之间的言辞交锋，展现了他的机智勇敢、有理有节，以及高超的斗争艺术。他既没有在争斗中使会盟破裂，又成

功地维护了赵国的尊严；既有效地挫败了秦国的嚣张气焰，又极大地提振了赵国的士气。这种在复杂外交环境中灵活应对、维护国家利益的能力，确实值得我们学习和借鉴。

曹参巧答汉惠帝质问

【背景】

西汉时期的史官司马迁在《史记·曹相国世家》中记载，刘邦去世后，其长子刘盈即位，即汉惠帝，当时他年仅十六岁。在汉惠帝二年（公元前193年），丞相萧何因年老体衰，病情日益加重。汉惠帝亲自前往探望，并询问萧何："丞相，您看谁可以接替您的职位，成为新的丞相呢？"萧何委婉地推荐了曹参，这与汉高祖刘邦临终前的旨意不谋而合。在萧何去世后，汉惠帝便任命曹参为相国，而曹参则一切遵照萧何所制定的法度行事，没有进行任何变更。

【人物】

曹参（？—公元前190年）：字敬伯，泗水郡沛县（今江苏沛县）人。西汉开国功臣。汉惠帝即位，继任萧何为相国，史称"曹相国"。

汉惠帝（公元前211—公元前188年）：姓刘，名盈。汉高祖刘邦与皇后吕雉的嫡长子，西汉第二位皇帝。刘邦去世后，刘盈继位，先后以萧何、曹参为相。

【经过】

曹参任相国后，大臣们原本以为他会进行一系列的改革，然而他上任后却沿袭了萧何所制定的法度，将朝中政务交由下属处理。有些大臣觉得曹参只是追随萧何的老办法，没有新的政策，因此并不把曹参放在眼里，甚至有人上奏弹劾他。汉惠帝起初并未将这些议论放在心上，但随着听到的议论越来越多，他开始对曹参的表现感到不满。

曹参的儿子曹窋也在朝中为官。有一天退朝后，汉惠帝让曹窋回家替自己责问曹参："你身为国相，应当尽心尽力辅佐皇上，关心国家大事，怎么能天天只是喝酒呢？"

曹窋回家后，按照汉惠帝的原话责问了父亲。曹参听罢非常生气，当面训斥了儿子，并叫人拿来板子按家规责罚他，斥责说："朝中大事哪里轮得到你来发话？"

不久，在上朝的时候，汉惠帝责备曹参说："为什么要惩治曹窋？责问是我让他去规劝你的。"

曹参问道："请陛下认真考虑，在圣明和英武方面，您和高帝相比谁更强？"

汉惠帝答道："我怎敢跟先帝相比呢！"

曹参又问："陛下看，我和萧何相比谁更贤能？"

汉惠帝答道："您似乎不如萧何。"

曹参说："陛下说得对。高帝与萧何已经平定了天下，法令也已经明确。如今陛下只需垂衣拱手，我等则谨守各自职责，遵循原有的法度而不随意更改，不就行了吗？"

汉惠帝听后说："我明白了。"

从此，汉惠帝不再责难曹参。

【结果】

曹参任国相期间，他沿袭了前任所采取的政策，减轻了百姓的税赋负担，让百姓能够安居乐业，得以休养生息。他的这一系列举措，最终赢得了汉惠帝的理解与支持。

【启示】‖‖‖

汉朝建立初期，采取'无为之治'的政策。曹参经过深思熟虑，遵循前任的法度和办法，得到了汉惠帝的理解与支持，后来就有了"萧规曹随"的典故。

张温出使蜀国，秦宓机智应答

【背景】

三国时期，蜀汉名将关羽发动襄樊之战，东吴虽在此役中取胜，却引起了魏国的警惕，遭到曹魏讨伐。不久刘备病逝，诸葛亮有意恢复蜀吴同盟。在此背景下，诸葛亮派邓芝出使江东，重申与吴国结盟的意愿，东吴君主孙权表示认同。此后，孙权派遣张温以辅义中郎将的身份出使蜀汉，意在巩固蜀吴联盟。

【人物】

张温：三国时期东吴大臣。

秦宓：三国时期蜀汉大臣、学者。

【经过】

张温抵达蜀国，前往宫廷拜见蜀主刘禅，呈上表章。

过了几日，蜀汉后主又设宴款待张温。在酒宴上，张温遇到了蜀汉名士秦宓。张温自恃才高，秦宓略有醉意，二人展开了较量。

张温笑着问："名为学士，不知是否读过书？"

秦宓正色道："蜀国三尺小童从小都要读书，何况我这样的学者呢？"

张温又问学了哪些学问，秦宓回答："上至天文，下至地理，三教九流，诸子百家，无所不通；古今兴废，圣贤经传，无所不览。"

张温笑着说："你既然说出如此大话，那就以天作为一个问题，请你回答：天有头吗？"

秦宓回答："有头。"

张温接着问："头在何方？"

秦宓回答："在西方。《诗经》说：'乃眷西顾。'以此推之，头在西方。"

张温又问："天有耳朵吗？"

秦宓回答："天能听到地下声音。《诗经》说：'鹤鸣于九皋，声闻于天。'没有耳朵怎么听呢？"

张温继续问："天有脚吗？"

秦宓回答："有脚。《诗经》说：'天步艰难。'没有脚怎么行走呢？"

张温又问："天有姓吗？"

秦宓回答："岂能无姓！"

张温问："天姓什么？"

秦宓答："姓刘。"

张温接着问："你是怎么知道的？"

秦宓巧妙地说："因为天子姓刘，所以天也姓刘。"

张温又问："太阳出自东方吗？"

秦宓回答："太阳虽从东方出，但在西方落。"

张温以"天"的话题提问，秦宓语言清晰，对答如流，满座皆惊。接着，秦宓问张温："先生是东吴名士，既然以天事提问，肯定知晓天的规律。往昔宇宙混沌，然后才有了区分，阴阳分开；轻且清的气体上浮变成天，沉重而浑浊的部分下降变为地；后来，共工氏与颛顼争夺帝位，他失败后发怒，用头撞不周山，以致撑天的柱子折断了，大地缺失了一角。导致天往西北倾斜，东南地势陷落。天体轻清而能上浮，怎么会向西北倾斜呢？不知道除了轻清之外，天还有何物？请先生赐教。"张温无言以对，于是从席位上站起身致谢道："不料蜀中多俊杰！刚才听到这番讲述，使我茅塞顿开。"

这时，蜀汉丞相诸葛孔明担心东吴使者张温感到羞愧，笑着解围说："席间的提问，都是戏谈。足下深知安邦定国的策略，不必在乎言辞的游戏！"张温起身拜谢。

【结果】

张温出使蜀国，在宴会上，他一连串提问展现出清晰的逻辑思维。秦宓作为蜀汉名士，在外交场合巧妙应答，应变能力出众。二者可谓棋逢对手，难分伯仲。

【启示】 ||||||||||||||||||||||||||||||||||||||||||||||||||

三国时期，魏、蜀、吴之间外交活动频繁，使者往来不断，展现出外交智慧与口才交锋。秦宓面对张温的提问，引经据典，机智应答，让东吴使者觉得蜀汉俊杰辈出，人才济济。

审计方舌战施工方

【背景】

2013 年，位于河南省的某医院外科病房楼建设主体工程顺利竣工。根据相关规定，审计部门随即对该工程展开了全面的审计工作。承担这家医院工程建设任务的是一家大型企业，该企业派出了副总经理、项目经理，以及聘请的一位资深造价工程师，全程配合并参与了此次审计工作。

【人物】

审计方：审计人员，作为甲方（某医院）的谈判代表，在审计过程中代表医院方进行相关工作。

施工方：承建某医院的某企业代表团队，包括某企业副总经理、承建该医院的项目经理，以及由承建公司聘请的资深造价工程师。

【经过】

双方谈判伊始，便展开了正面交锋，施工方代表首先就主体工程变更签证让利问题提出了异议。

施工方："根据一些常规做法，主体工程变更签证部分通常不存在让利情况。因此，在这次审计过程中要求我们让利的部分应当予以返还。"

审计方："关于变更签证部分的让利，在招标文件的合同条款中已有明确规定，即变更签证部分需执行投标报价的让利系数。双方都应履行合同，恪守诚实信用原则，这一点不应成为争议焦点。"

施工方谈判代表在无奈中只得认可，短暂商议后又针对材料定价问题展开了新一轮的谈判。

施工方："在施工过程中，甲方并未针对材料定价组织市场考察。而此次审计结算采用的是当地的造价信息价，但我们实际购买材料的定价均高于此价格，因此审计时应按我们实际购买的价格进行结算。"

审计方："甲方未组织市场考察计价，施工单位有责任进行提醒。若未及时提醒，按照相关规定，则应执行施工期的造价信息价，这是明文规定的，想必你们不会不清楚吧？"

审计方的反问让施工方谈判代表无言以对，随后双方开始讨论其他争议问题。

施工方："市场经济讲究风险分担，如此大面积返工的损失全部由我们承担，而甲方却不用掏一分钱，这显然不太合适。"

审计方："施工方在合同中已承诺按规范要求进行设计，确保施工质量。因施工技术和质量问题导致的返工损失，自然应由施工方承担。更何况，工程完工后出现的吊顶脱落等严重安全问题，一旦造成人员伤亡，还将追究你们的其他责任！"

施工方对此无法提出充分的反对理由，只得接受审计方的意见。

【结果】

在最后一轮谈判中，审计方反驳了施工方提出的经济补偿问题，理由充分，有理有节，维护了医院的经济利益，而且让施工方的谈判代表心服口服。

舌战

【启示】 |||||||||||||||||||||||||||||||||||||||||||||||||||||||||||||||||||||||||

　　在与施工方的最终谈判中，针对施工方提出的关于签证让利、材料涨价以及返工损失等经济补偿问题，审计人员凭借娴熟的业务知识和之前周密细致的现场勘查，表达了不应给予补偿的意见，并详细阐述了具体理由。这充分说明，要想在商务谈判中占据主动地位，必须事先做好充分的准备工作。

第七章　商界的策略

海外承接吊顶项目商务洽谈

【背景】

2020 年 4 月，中国某建公司海外项目部在东南亚某国承接一座办公楼一层安装吊顶进行商务谈判。在前面的洽谈中，作为工程安装的承接方，已经给该工程监理方提交了安装报价，这是最终达成承接合作意向的一场洽谈。

【人物】

中方项目部代表为秦先生。

外方业主方代表二人，分别称作甲、乙。

外方工程监理方代表二人，分为主代表、副代表。

【经过】

工程监理方主代表："我们正在进行关于 CMI51 项目中 2 号办公楼一层继续安装吊顶的商务谈判。秦先生，我们对您方的报价有些疑虑，特别是铝方通组价中的人工费用似乎过高，您能对此进行解释吗？"

中方秦先生："当然可以。首先，安装的第一步是在混凝土板底上钻孔，然后将膨胀螺栓置于孔中并上紧螺母，使螺栓头部像花朵般展开，以确保产生足够的拉力。接着，我们使用普通螺栓来安装铝方通吊顶。膨胀螺栓和下面的悬挂杆是作为一个整体来考虑的。"

监理方副代表："通过您的解释，我们对铝方通组价中的人工费用有了更深入的理解。据我们所知，轻钢龙骨和螺栓等材料的价格相对便宜，但您方所报的价格似乎并不十分合理。"

中方秦先生："确实，这些材料的价格相对较低，但由于我们购买的数量较大，因此总花费仍然不少，为了让业主节省成本，我们之前已经将您提到的这些材料费用从报价中扣除。"

监理方副代表："明白了，我对此已无异议，但可能会对其他材料的价格有一些疑问。"

业主方代表甲："我同意监理方副代表的观点。我仔细检查了您方报价书中的组价分析，并对铝方通的单价表示疑惑，请您解释一下为什么这个材料的单价如此之高。"

中方秦先生："正如我们所知，当前各项费用都有所增加，特别是材料费和运费。在报价表后，我已附上了从供应商处购买的价格，并仅增加了 10% 作为我们的利润点，我认为这是相对合理的。您对此有何看法呢？"

业主方代表甲："哈哈，我理解您的报价了。那么，我可以查看一下您方从供应商那里的进货单吗？"

监理方副代表："其他人还有什么建议或疑问吗？"

监理方主代表："我查看了您方提供的铝方通采购清单，上面没有您方和供货商的盖章及签字，我无法确认其真实性。因此，我需要您方提交一份带有盖章和签字的购买清单原件。"

中方秦先生："这没问题。这次商务洽谈后，我会尽快给您方提供带有盖章和签字的采购清单复印件。"

业主方代表甲："抱歉，我对您的报价还有一些疑问。例如，安装检修口的费用为什么这么高？请您解释一下。"

中方秦先生取出工程图，解释道："请看这里，吊顶安装检修口时我们遇到了一个难题：吊顶安装完成后，如果不破坏周围的铝方通，就无法使用机械直接切割。唯一的办法是将同一条线上的铝方通拆下来，切割完毕后再重新安装剩余的部分。例如，如果增加一个 1 平方米的检修口（边长 1 米），我们就需要拆下一整根 5.5 米长的铝方通，这意味着我们实际上要重做 5.5 平方米的吊顶。"

业主方代表乙："您的意思是，按照 51 号工程设计的要求，如果检修口是 1 平方米，您方的工作量将是其 5.5 倍，即 5.5 平方米。"

中方秦先生："是的。"

业主方代表乙："我对此没有异议了，但还需得到业主的最终认可。我希望业主也会同意这个解释。"

监理方副代表："之前安装吊顶的单价是每间屋子 200 美元左右，现在是 140 美元。经过几轮洽谈，吊顶的安装费用已经有所降低。因此，我认为这一项是可以接受的。"

监理方主代表："其他人还有什么意见或建议吗？"

业主方代表甲："噢，没问题了。我这里当然是同意的。"

监理方主代表："我们最终达成的金额，大家都同意吗？"

监理方副代表表示同意，业主方两位代表也无异议，工程承接方也表示同意。

【结果】

经过几轮洽谈，外方的业主方代表、工程监理方代表与工程承接方中方项目部最终达成了项目合作。

【启示】 ||||||||||||||||||||||||||||||||||||||||||||||||||||||||

　　商务谈判并非总是充斥着唇枪舌剑的激烈交锋，特别是在未签订正式合同之前，过于尖锐的言辞可能导致谈判破裂，进而背离了双方寻求合作的初衷。成功的商务谈判不仅需要展现出充分的诚意，同样离不开耐心，以及高超的谈判技巧。在本案中，当外方对报价产生疑问时，中方代表迅速且恰当地进行了现场解释，成功赢得了对方的理解。这一处理方式有效地避免了双方因报价问题而产生不必要的争执，为最终达成合作协议营造了一个友好而和谐的氛围。这种做法无疑为我们提供了宝贵的经验，值得在今后的商务谈判中加以借鉴和推广。

抖音总裁舌战美国众议员

【背景】

　　TikTok（抖音）作为全球用户互动与娱乐的重要平台之一，近年来在美国的用户数量迅速增长。鉴于对数据安全和用户隐私保护的担忧，2023年3月23日，美国国会众议院能源和商务委员会特别举行了一场听证会。会上，抖音公司的首席执行官周受资出席听证会，并回应了来自美国众议员关于"国家安全"等相关问题的质询。

【人物】

　　周受资：1983年生，新加坡人，毕业于伦敦大学经济系，获得哈

佛商学院工商管理硕士学位，2021年入职字节跳动公司，时任TikTok首席执行官。

凯茜·麦克莫里斯·罗杰斯：美国众议院能源和商务委员会主席、共和党籍议员。

【经过】

在开场发言中，周受资多次强调了透明度，他声称TikTok是在美国能够提供如此高透明度的唯一的科技公司；然而，凯茜·麦克莫里斯·罗杰斯对此并不买账，她表示众议院对TikTok之前的言论持保留态度，并希望周受资能给出更明确的表态。这位议员还以严肃的口吻警告周受资不要撒谎，否则将面临法律制裁。

开场发言后，周受资回答了多个令人啼笑皆非的问题。一些年长的国会议员似乎对现代手机和网络设备的运行原理不太了解，提出了与主题不相干的问题。

一位来自佐治亚州的议员问道："你们是如何确定用户年龄的呢？"周受资回答："我们主要依靠'Age-gating'机制……"这位议员还是不明白，继续追问："Age什么？"周受资耐心解释："gating，就是新用户注册时，我们会询问他们的年龄。"

来自北卡罗来纳州的共和党众议员理查德·哈德森则试图抓住信息安全的问题不放，他问："TikTok是否会接入家用Wi-Fi？"周受资回答："只有当用户主动打开Wi-Fi时……对不起，我好像没完全理解您的问题。"

议员重复了一遍问题后，周受资进一步解释："呃，它必须连接Wi-Fi才能访问互联网……如果您是问这个的话。"这位议员似乎对

Wi-Fi 和互联网的运作方式不太了解，还有一些议员提出了更加离谱的
问题：

"TikTok 会不会连接我的摄像头来录制视频？"

"周先生，为什么我闭上眼，眼前一片漆黑？"

"总裁先生，我打开 TikTok 时，它会不会消耗我的手机电量？"

在毒品问题上，面对咄咄逼人的议员，周受资虽然略显无奈，但还是回答："事实上，在新加坡，由于国家法律对毒品的严厉打击，TikTok 在那里几乎没有与毒品相关的内容。"这段以柔克刚的较量被认为是整场听证会最精彩的瞬间之一。

随后的质询则更加尖锐且不留情面："你心里其实很清楚，你既无法保护本委员会的数据和安全，也保护不了你 APP 上 1.5 亿用户的安全。"

【结果】

在美国听证会上，周受资回答了议员们提出的质询，并向外界传递了 TikTok 对于数据安全和隐私保护的坚定立场和承诺。

【启示】

人们把这场针对 TikTok 的听证会形象地称为"国会山鸿门宴"。听证会持续了五个多小时，周受资处在风口浪尖，他的回答多次被打断，面临各种尖锐问题，他临危不乱，从容地回答了议员们的质询，表达了 TikTok 诚信和管理人员的专业素养，消除了部分用户对安全隐私的担忧。

"脸书"执行官舌战参议员

【背景】

据报道，2024 年 1 月 31 日，美国参议院司法委员会举办了一场关于网络儿童安全的听证会。会上，民主党籍司法委员会主席迪克·德宾引用非营利组织提供的统计数据，指出了金融"性勒索"（指诱骗未成年人发送露骨照片和视频）案件数量的急剧增加。听证会现场，数十名家长手举孩子的照片，控诉社交媒体给他们的孩子带来的伤害。

扎克伯格的公司运营着 Facebook（脸书）和 Instagram（照片墙）等知名的社交平台。在这场听证会上，共和党籍参议员乔希·霍利（Josh Hawley）对脸书公司是否尽到了应有的责任质疑，并与扎克伯格展开了激烈的争辩。

【人物】

乔希·霍利：美国共和党籍参议员。

马克·扎克伯格："脸书"创始人兼首席执行官。

【经过】

扎克伯格开场发言说："青少年和年轻人在社交媒体上展现出了惊人的活力，他们表达自我、探索世界、与亲友交流。总体而言，上网是他们积极生活的一部分，但我们也意识到，部分青少年在网络上面临挑

战。因此，我们将致力于为父母和青少年提供网络支持，并采取措施减少潜在危害。"

霍利参议员随即提问："扎克伯格先生，你刚才提到心理健康与网络社交媒体没有必然联系，对吗？"

扎克伯格回应："参议员，我强调的是科学研究的重要性，尽管外界对此话题议论纷纷，但我认为大部分科学研究并未直接证明这种联系。"

霍利不依不饶："我提醒你，贵公司曾研究过这种联系。根据《华尔街日报》的报道，你们的研究发现'照片墙'对青少年有害，尤其是少女群体。研究显示，使用'照片墙'会增加焦虑和抑郁的风险。"

扎克伯格解释道："我们确实在努力理解用户的反馈，并寻求改进服务的方式。"

霍利继续追问："你们的研究报告明确指出，对十几岁女孩的调查发现，'照片墙'使她们的生活变得更糟，增加了她们的焦虑和抑郁。然而，你在此却否认这种联系。你的产品虽然优秀，但内部报告却显示它是一场灾难。我还有更多事实要展示，这是一位告密者提供的信息。他在参议院公开宣誓作证，曾是你的高级主管。他发现，在 13 到 15 岁的女孩中，37% 的女孩在过去七天里曾在'照片墙'上遭遇不想要的裸体暴露；24% 的女孩经历了性挑逗甚至被求婚；17% 的女孩遇到了自残内容的推送。你知道这些数据，因为他给你发过邮件。我想问，你因此解雇了谁？"

扎克伯格回避了这个问题："我们研究这些数据是为了改进服务。"

霍利再次强调："你刚才说，网络社交媒体与青少年心理健康没有必然联系。"

扎克伯格纠正道："参议员，你可能误解了我的意思。"

霍利不放过任何一个细节："37% 的 13 至 15 岁少女在'照片墙'上遭遇不想要的裸体暴露，你知道这件事。"

扎克伯格试图转移话题："我们正在努力构建……"

霍利打断他："你因此解雇了谁？"

扎克伯格坚决不回答："我不会回答这个问题。"

霍利步步紧逼："你可以随意解雇公司中的人，但对损害少女心理健康却未采取任何重大行动。你知道坐在你后面的人吗？他们来自全国各地，他们的孩子要么受到严重伤害，要么失踪。你却从未向他们道歉，也没有补偿过任何受害者。你现在愿意道歉吗？"

扎克伯格转身向听众席致歉："我为你们所经历的一切感到抱歉，那太可怕了。我们将继续努力，确保没有人再经历这样的痛苦。"

霍利继续质问："为什么你的公司不应该因此被起诉？你躲在公司责任背后，不承担个人责任吗？"

扎克伯格回应："参议员，我已经回答过这个问题了。"

霍利不依不饶："再说一次，你会承担个人责任吗？"

扎克伯格坚持道："我的工作和我们公司的工作是建立最好的工具，保护社区的安全。"

霍利尖锐地指出："在你失败的时候呢？"

扎克伯格依然坚定："我们正在做行业领先的努力，构建一个工具来保护用户。"

霍利最后问道："感觉你的产品在杀人，你会亲自承诺赔偿受害者吗？你是亿万富翁，你应该用你的钱设立赔偿基金。"

扎克伯格面露难色："参议员，这很复杂。我不认为那是我的工作。这听起来好像不是解决问题的好方式。"

霍利严厉批评："你的工作是对公司的行为负责，坐在你后面的是受害者家属，你没有做任何事情帮助他们、补偿他们或纠正公司的过错。你今天应该在这里做出承诺，扎克伯格先生。"

整个对话充满了紧张与对立，扎克伯格在尽力解释和回应霍利的指责，但霍利并未轻易放过任何一个可能的漏洞或疏忽。

【结果】

就其社交媒体可能对青少年带来危害，参议员乔希·霍利提问了尖锐问题，扎克伯格回应质询。

【启示】 ||||||||||||||||||||||||||||||||||||||||||||||||||||||||||

在质询过程中，乔希·霍利认为，网络社交媒体"脸书"（Facebook）公司对受害儿童负有不可推卸的责任，而作为该公司的创始人兼首席执行官，马克·扎克伯格应当对受害者家属表达诚挚的歉意。面对这一指责，扎克伯格一时语塞，发言显得磕绊，随后他起身道歉，这一幕成为全场最受关注的焦点。由此我们得到的启示是，当能够准确发现并指出对方错误及其导致的严重后果时，往往能够在谈判或质询中，暂时占据主动地位。

第八章　法庭的控辩

公诉人舌战辩护人

【背景】

一名中年妇女苏某，因赌博欠下高额赌债，遂与男子陈某合谋，以假相亲的方式外出诈骗钱财。陈某负责物色未婚青年男子作为目标，而苏某则让自己的女儿冒充相亲的女孩。在多次诈骗成功后，为了避免女儿频繁相亲引起怀疑，苏某又指使其儿媳吴某龄以及其他多名青年女子轮流扮演相亲的女孩。随着诈骗活动的地域不断扩大，苏某还让自己的儿子刘某担任驾驶员，并让他以相亲女孩的"哥哥"身份出现，以此赚取车费和红包。

2016 年 6 月，江苏省淮安市淮安区法院依法公开开庭审理了这一案件。在庄严的法庭上，公诉人与被告人及其辩护人之间展开了激烈的辩论。

【人物】

公诉方：江苏淮安市淮安区人民检察院检察员。

辩护方：13 名被告人及其聘请的 9 名辩护律师。

【经过】

在庭审中，13 名被告人及 9 名辩护律师逐一发表质证意见，从不同的角度对检察机关的指控或予以否认，或提出各种各样的辩解，控辩双方唇枪舌剑。其中公诉人与刘某的辩护人的交锋尤为激烈。

刘某的辩护人："检察机关指控我的委托人刘某以相亲女孩哥哥的身份，为诈骗团伙提供车辆服务，共参与诈骗17起，涉案金额达20余万元。经认真审查卷宗，辩护人认为，只有其中2起证据充分，其他15起均证据不足，辩护人均不予认可。"辩护人接着说："检察机关指控刘某参与的17起诈骗事实中，刘某只是驾驶员。事前，他没有参与诈骗谋划；事中，他没参与具体诈骗细节，到了被害人家后，他只在车上玩手机；事后，他没有参与分赃，只是拿了点儿汽油费。因此，刘某的行为，在诈骗行为中情节轻微，属于从犯中的从犯，可不以犯罪论处……"

公诉人对此反驳："刘某在明知其母亲、妻子、妹妹等人以相亲为名四处诈骗的情况下，仍为诈骗团伙提供车辆运输等帮助，其行为即构成诈骗罪的共犯。虽然刘其事前没有参与诈骗活动的具体谋划，诈骗过程中没有参与具体诈骗细节，事后没有参与分赃，但这些只是作为对其在诈骗活动中的主从犯认定及量刑情节予以考虑，不影响其行为的定性。"

刘某的辩护人辩解："从公安机关对刘某的讯问笔录看，在指控他的17起作案事实中，刘某只对其中2起诈骗过程、诈骗地点谈得比较详细，他对其他15起都说不出被骗人的住址、姓名及被骗金额等具体细节，笔录都非常简单，据此指控他参与了这15起诈骗活动，显然证据不足，法庭应当不予认可。"

公诉人驳斥道："虽然刘某不清楚被骗对象的具体地点和被骗人姓名等细节，也记不清自己参与作案多少起，但检察机关指控他参与的每一起案件，都有被害人辨认笔录、其他同案犯供述等证据证实；同时，

公安机关调取了刘某的汽车在相关时间段里的行驶轨迹图，证明其车辆在相应时间内确实到过相关被害人所在地点。这些证据之间互相印证，已经形成锁链，足以认定其诈骗行为成立。"

刘某的辩护人辩称："刘某平时跑黑车生意，车子本身就四处都去。公安机关调取的车辆轨迹图，只能证明他的车子曾去过那里，但不能证明去那里干什么，该证据不能达到证明刘某曾参与到相关地点实施诈骗的目的。"

公诉人解释说："刘某车辆行驶轨迹图只是证据之一，它不是孤立地证明刘某的作案地点，而是作为与被害人陈述、其他被告人供述相印证的证据之一，将这些证据综合起来考虑，足以证明刘某的犯罪事实。"

经过几轮交锋，公诉人建议对刘某量刑三年零六个月至五年零六个月，辩护人建议判处有期徒刑一年至二年，并适用缓刑。

【结果】

2016 年 12 月，江苏省淮安市淮安区人民法院对苏某等涉案人员做出以下宣判：苏某因诈骗罪被判处有期徒刑十一年六个月，并处罚金人民币 22 万元；陈某因诈骗罪被判处有期徒刑十年六个月，并处罚金人民币 20 万元；刘某被判处有期徒刑五年（此处未明确刑罚种类，但根据上下文可理解为有期徒刑），其他被告人也被分别判处有期徒刑、拘役或缓刑等不等刑罚。

【启示】

在庭审过程中，公诉人面对多名被告人及其辩护人的情况并不罕见。只要公诉人熟悉案情，能够针对被告人及其辩护律师提出的辩解，依据证据逐一进行有力反驳，并依法、合理地提出量刑建议，这样不仅能够维护法律的权威与公正，还能赢得法律专业人士的认可与称赞。

苹果公司诉三星公司专利侵权案

【背景】

2011 年，苹果公司在美国起诉韩国三星公司，指控其 Galaxy 系列手机抄袭 iPhone 的专利设计和技术。苹果公司主张三星公司侵犯其外观设计专利（如圆角矩形机身、图标排列）和实用专利（如"橡皮筋"滚动效果、多点触控）。索赔金额为 25 亿美元。这场纠纷持续了 7 年，横跨多国法庭。

【人物】

控方：苹果公司法务部。

辩方：三星公司法务部。

【经过】

法庭辩论焦点与经典攻防如下：

其一，外观设计专利是否有效。

苹果公司的专利依据：D618,677（手机正面设计）、D593,087（圆角矩形边框）等。苹果公司主张外观设计专利有效。在法庭出示的证据：展示 iPhone（2007）手机与三星 Galaxy（2010）手机的对比图，强调"整体视觉相似性"。当庭指出："三星不是被逼抄袭，而是选择抄袭——他们本可以像 HTC 或摩托罗拉一样创新。"

三星公司提出抗辩，认为圆角矩形网格图标是通用设计，不应被

垄断。并提供专家证词：工业设计史证明类似设计早于 iPhone（如日本 1990 年代手机、2006 年 LG Prada）。当庭反问："如果圆角矩形也有专利，是不是所有汽车厂商都要为'四个轮子'付费？"

其二，实用专利的技术边界。

苹果公司出示的关键专利"橡皮筋效应"（专利号 7,469,831）：页面滚到边缘时弹回效果。"多点触控手势"（专利号 7,864,163）：双手缩放效果。

三星公司主张苹果公司专利是显而易见的技术，引用 2005 年 Neonode 手机等先例。同时，反诉苹果公司侵权，指控 iPhone 手机使用三星公司的 3G/UMTS 技术。

其三，赔偿金额计算争议。

苹果公司认为，以三星公司侵权产品的全部利润为基数计算，因为设计是消费者购买手机产品的主要因素。

三星公司提出抗辩，认为专利仅涉及手机的少量功能，应按比例计算，如仅外壳设计，而非整机价值。

【结果】

2012 年，法庭一审陪审团裁定，三星公司侵权，赔偿 10.5 亿美元。2016 年最高法院推翻"按整机利润赔偿"原则，要求重审计算方式。2018 年，双方和解，达成保密协议。

【启示】

这个案件的启示有两点：首先，寻找有利证据。苹果公司的律师反问："如果没有抄袭，三星为何在 iPhone 发布后紧急重新设计手机？"当庭出示了三星公司内部邮件。其次，模糊专利界限。三星公司的律师抗辩圆角矩形不应成为专利，提供了早于 iPhone 手机的类似设计，指出专利制度不应成为扼杀竞争的大棒——消费者需要选择，而不是垄断。

美国辛普森案控辩舌战法庭

【背景】

1994 年 6 月 12 日深夜，洛杉矶西部的一座住宅内发生了一起命案，两名被害人被利器割断喉咙不幸身亡。其中，女死者是 35 岁的妮可·布朗·辛普森，她是前美式橄榄球明星 O.J. 辛普森的前妻；男死者则是 25 岁的餐馆侍应生罗纳德·高德曼。

案发后的凌晨时分，四名侦探迅速赶到辛普森住所，他们在门外发现了辛普森的白色福特野马汽车上染有血迹，同时在车道上也发现了血迹。由于按门铃无人回应，侦探们便翻墙进入住所，并在内部找到了一只染有血迹的手套以及其他相关证据。四天后，警方公布了验尸报告，结果显示妮可的喉管被切断，而高德曼的颈部正面和背面、胸部、腹部以及大腿上共有 22 处刀伤。化验结果表明，在辛普森宅院发现的那只血手套上的血型与两名被害者的血型一致。基于此，洛杉矶地方检察官对辛普森提出了双重谋杀罪的指控，并随后将其逮捕。

1994 年 6 月 30 日，美国洛杉矶市法院对辛普森一案进行了初审。检验结果表明，所有的疑点似乎都集中在辛普森身上。女法官凯瑟琳·

肯尼迪认为已经掌握了足够的证据，因此命令辛普森出庭受审。此案随后进入了加利福尼亚州最高法院，在两项一级谋杀罪的指控下，控辩双方在法庭上展开了激烈的辩论，唇枪舌剑，各执一词。

【人物】

控告方：女检察官玛丽娅·克拉克；公诉人克里斯多弗·达登等。

辩护方：美国著名律师约翰尼·科克伦，出任辛普森的首席辩护律师；美国著名律师罗伯特·夏皮罗；等等。

【经过】

1995年1月，加利福尼亚州最高法院正式审理辛普森案。该案由美籍日裔法官伊藤主持审理。值得注意的是，检辩双方阵营中都有黑人律师，且陪审团成员中多数是黑人。

一、检辩双方就辛普森是否为凶手展开激烈辩论

原告方公诉人在开场陈述中，检方明确指控辛普森预谋杀妻。公诉人克里斯多弗·达登指出，辛普森具有虐待、殴打妻子和极度嫉妒的行为。他杀死前妻妮可·布朗·辛普森和餐馆侍应生罗纳德·高德曼的动机源于嫉妒心和占有欲。二人离婚后，辛普森对妮可与其他男性约会感到不满，并试图复合但希望渺茫。案发当天，在其女儿的舞蹈表演会上，妮可对辛普森表现出极度的冷淡，这进一步激发了辛普森的杀机；而高德曼则是误闯现场，不幸被杀。

公诉人玛丽娅·克拉克为证明辛普森有罪，提出了以下主要证据：遗传基因化验证明，谋杀现场滴落的血迹和在辛普森住宅发现的手套上的血迹及血酶，都与辛普森的相同；辛普森的左手中指在案发当天被割

伤；在辛普森的那辆"野马"牌吉普车门上发现了辛普森、妮可和高德曼的头发，以及从高德曼衬衫上和辛普森吉普车踏毯上扯下的纤维；在高德曼脚下发现的那顶编织帽上，有辛普森的头发和他车毯上的纤维；在高德曼的衬衫上也有辛普森的头发；在辛普森的卧室里的一双短袜上发现了妮可的血迹。而且，从吉普车上滴落的辛普森的血迹在他开车回家的路上都能找到，直至他家的门厅里。公诉人最后强调，这些强有力的证据表明：辛普森是杀人犯！

次日，被告方的辩护律师开始陈述。首席辩护律师科克伦向法庭出示了谋杀案发生后不久辛普森身穿泳裤拍摄的一系列照片。他说："这些照片显示，案发当天，辛普森的腕关节正患有急性风湿性关节炎，疼痛难忍，连牌都洗不了，哪有力气杀死两个人？"随即，他出示了一张高德曼左手的照片，显示手上青紫交加，还有划破的地方。科克伦指

出："这表明，高德曼在临死前进行过拼死反抗。凶手也一定会被打出血或打得青紫交加。"他接着反问："辛普森身上为什么连一块青肿也没有呢？"科克伦还出示了一张妮可裸露背部的照片，背上有一道血污和一道抓痕。他反问道："为什么这道血污没有被化验呢？而且，妮可指甲里发现的血迹既不是她的，也不是高德曼或辛普森的。"他又说："在谋杀现场还发现了不同形状的脚印，这说明当时在现场的不止一个人。"

科克伦还指出，为进行遗传基因化验而从手套上采取的血样太少，且已被污染。他暗示血手套有可能是带有种族偏见的办案警察放在辛普森住宅以嫁祸于人。他最后强调，大量证据将证明辛普森是无辜的，对他的指控是错误的。

辛普森的另一位辩护律师夏皮罗在辩护陈述中指出："根据验尸报告，凶器是一把锋利的刀，但至今尚未找到。尽管有一位刀具店老板在初审阶段出庭作证，他曾于去年5月卖给辛普森一把德国产的刀；但原告一方至今没有找到一位谋杀案的现场目击者，这两点在美国的刑事诉讼中是必须有所交代的。"

二、辩方对福尔曼证词的质疑

检方呈庭的第二个重要证据，是福尔曼警官在辛普森住宅客房后面搜获的黑色血手套。根据福尔曼的证词，当他发现这只血手套时，其外表的血迹还是湿的。然而，辩方专家对此表示了绝对的质疑。他们认为，从凶案发生到警官将其作为证据收集，其间已经过去了7个小时，手套上沾染的血迹理应已经干了。那么，福尔曼为何坚称血迹是湿的呢？辩方给出的解释是：只有一种可能性，那就是福尔曼来到凶案现场后，私自将血迹未干的手套放入了随身携带的警用证据保护袋中。之后，他寻找机会进入辛普森住宅，并乘人不备伪造了证据。这样一来，尽管时间跨度很长，但血迹仍然保持湿润状态。

在法庭盘问环节，辩方律师对福尔曼进行了严厉的质询："你在预审时的证词是否完全真实？""你是否捏造了警方的刑事勘查报告？""你在此案中是否存在栽赃和伪造证据的行为？"面对这些无法回避的法律问题，福尔曼竟然回答道："我希望维护我的宪法第五条修正案特权。"换句话说，他依据最高法院规定的嫌犯沉默权，拒绝回答辩方针对其呈庭证据所提出的合理质疑。在总结陈词中，辩方律师科克伦严厉指出，福尔曼是"一个支持种族灭绝政策的种族主义者、一个作伪证的家伙、美国最令人恐惧的噩梦和魔鬼的化身"。他认为，福尔曼在过去曾发表过种族主义的言论，因此他的证词不可信。

在案发半年后的法庭上，辛普森亲自试戴了在他住宅现场发现的两只手套，并声称："手套太小，根本不合我的手。"

三、辩方质疑"血袜子"

在庭审过程中，检方出示了几张关于发现血袜子的现场照片。案发当日下午 4 点 13 分拍摄的现场照片上并未显示血袜子，然而，4 点 35 分拍摄的照片中却出现了血袜子。这引发了辩方的质疑：血袜子究竟是原本就在地毯上，还是后来被警方移放到地毯上的？对于这一问题，警方的答复前后存在不一致的情况。

辩方认为这些"血证"存在诸多疑点。他们指出，袜子两边的血迹竟然完全相同，这有违常识。如果袜子当时被穿在脚上，那么袜子左边外侧的血迹不可能先浸透到左边内侧，再穿过脚踝浸透到右边内侧。只

有当血迹从袜子的一侧直接浸透到另一侧时，两边的血迹才可能完全一致。因此，辩方怀疑血迹可能是被人故意涂抹上去的。另外，辩方专家在检验袜子上的血迹时，发现其中含有高浓度的螯合剂。辩方律师提醒陪审团注意，案发当天，警方在抽取辛普森的血样后，曾在血样里添加了这种螯合剂。

在美国法律中，有一条证据规则被称为"面条里只能有一只臭虫"。这条规则的意思是，如果某人在自己的面碗里发现了一只臭虫，他通常会选择倒掉整碗面条，而不是继续寻找第二只臭虫。同理，即便洛杉矶警方获取了大量能证明辛普森有罪的证据，但只要其中有任何一项证据（如血袜子）被证明是非法取得的，那么所有证据都可能在法庭上失去效力，不被采信。

尽管控告方在法庭上展示了大量证据，试图证明辛普森的罪行，但控方女检察官克拉克在总结发言中的慷慨陈词并未打动陪审团的心。

【结果】

辛普森案开庭后，经过一个多月的筛选，12名陪审员宣誓就职。此后，经过调整，陪审团最终由9名黑人、2名白人和1名西班牙裔美国人组成。这起双重谋杀案经过陪审团的合议，最终裁定辛普森无罪。

此后，两名受害人的亲属分别向法院提起非法致人死亡并要求赔偿的民事诉讼，再次将辛普森推上了民事诉讼的被告席。该案件由美国加州圣塔莫尼卡民事法院受理，法官希诺诗·富基萨肯（注：此处为假设姓名，因原文未提供具体姓名且该人物非公众人物）作为独任法官主审此案。富基萨肯法官不允许任何来自刑事诉讼中可能有利于辛普森的有关种族歧视的证言进入民事诉讼程序；同时，一些重要的新证据在民事诉讼中被展示，这些证据更有利于原告一方。

例如，原告方传唤了数名早在福尔曼警官之前就已经到达案发现场的洛杉矶警员出庭作证。这些警员证实，所有重要证据在福尔曼到达现场之前就已经被收集，因此福尔曼不可能伪造现场和证据。他们同时还证实，有一只带血的手套留在现场。在刑事诉讼中，辩方曾主张福尔曼在现场发现了两只带血手套，并将其中一只移至辛普森家中以诬陷辛普森。上述证人的证言推翻了刑事诉讼中辩方的这一主张。

另外，警方认定辛普森有一双与案发现场足迹相符的鞋子，但辛普森对此矢口否认。原告方向法庭出示了 27 张照片，这些照片清楚地显示辛普森所穿的鞋子与现场足迹相符。原告律师指出，正是由于辛普森作了案，他才否认自己有同样的鞋子。

在陪审团就民事案件作出最后裁决前，他们要求再次听取辛普森有关不在现场的证据，这显示出陪审团对辛普森仍存在一定的怀疑。1997年，民事陪审团一致认定辛普森对两名受害人之死负有责任，并裁决辛普森赔偿原告方 850 万美元。此外，还裁决辛普森向两名受害人家庭各支付 1250 万美元的惩罚性赔偿金，共计 3350 万美元。

【启示】

辛普森当时是美国家喻户晓的体育明星。本案成为当时美国最为轰动的案件之一，辛普森为此花费巨资聘请了著名律师和刑侦专家。这些人或许并非有意偏袒被告，而是在作证时基于自己的专业知识和经验进行表述。他们指出，现场可能还存在另一人的脚印，同时血迹鉴定也不一定百分之百准确。

尽管在美国的司法体制中，仅凭间接证据就将被告定罪判刑绝非易事，但要让美国人相信辛普森无罪也绝非易事。检方呈庭的间接证据之一，是在杀人现场发现了疑似被告人的血迹。然而，由于警长携带辛普森的血样在凶杀案现场停留了长达 3 小时，这一间接证据的可信度因此大大降低。由于检方所依赖的全部是间接证据，辩方律师对这些"旁证"进行了严格的鉴别和审核，并做出了有利于被告的结论。此外，检方呈庭的血手套证据也存在诸多疑点，使得辩方能够以较为充足的证据向陪审团证明辛普森未必就是杀人凶手。由此可见，辛普森聘请的律师团队在法庭辩护中所发挥的作用不容小觑。

美国司法部诉微软垄断案

【背景】

微软是一家全球领先的软件、服务、设备和解决方案供应商。1975年成立以来，始终引领技术创新与变革，在全球拥有数以亿计的用户。1998 年，美国司法部联合 19 个州起诉微软公司，指控其利用 Windows 操作系统的市场垄断地位捆绑销售 IE 浏览器，打压竞争对手，违反《谢尔曼反垄断法》。

【人物】

控方：美国司法部及 19 个州。

辩方：美国微软公司。

【经过】

法庭舌战焦点有三个方面。

其一，关于垄断地位的认定。

控方提供的证据：Windows 占据全球 PC 操作系统 90% 以上份额，微软公司通过合同限制电脑制造商预装其他浏览器。控方质问："如果微软公司没有垄断，为何康柏公司等厂商必须接受你们的捆绑条款？否则就威胁取消 Windows 授权？"

辩方提出反驳，声称市场占有率不等于垄断，技术竞争动态是有变化的，如 PC 操作系统存在苹果、Linux。辩方将 IE 浏览器定义为 Windows 的"功能升级"而非独立产品，援引技术创新进行辩护。并指出："消费者需要的是无缝体验，分开安装浏览器反而会降低效率。"

其二，捆绑销售是否构成滥用垄断权力。

控方展示内部邮件，微软高管称要"切断网景（Netscape）的空气供应"。控方认为："如果 IE 是最优产品，为何需要强制捆绑？难道商家不会在市场选择吗？"

辩方出示技术证词：IE 与 Windows 深度整合，移除会影响系统稳定性。反问："汽车制造商是否也捆绑收音机而被起诉？消费者需要的是完整产品！"

其三，救济措施之争。

控方主张拆分微软公司。其论点是：只有结构改革才能终止垄断惯性。

辩方反击，警告拆分微软公司将危害美国的科技竞争力。指出："分拆微软公司就像要求可口可乐公司拆糖浆配方和灌装厂——只会摧

毁创新生态。"

【结果】

经过法庭辩论，一审法官裁定，微软公司违反美国反垄断法，要求分拆为两家公司。上诉法院推翻分拆令，但维持垄断认定。最终微软公司与美国司法部达成和解，接受监管限制。

【启示】 ||||||||||||||||||||||||||||||||||||||||||||||||||||||||||||||||||

从这个案件的策略分析，可以得出三点启示：一是证据运用。控方依靠内部文件坐实微软公司的主观恶意。辩方则用技术复杂性模糊法律边界。二是话语权争夺。控方指控微软公司捆绑销售构成垄断。微软公司将法律问题转化为技术创新与政府干预，试图影响舆论。三是法律与商业的平衡。法庭最终裁定，微软公司构成垄断，应该接受监管但不必拆分。